일러두기

◆ 인명이나 지명 등은 국립국어원의 표기법을 따랐습니다. 일부 관례로 굳어져 일반적으로 사용하는 명칭은 예외로 두었습니다.
◆ 본문에 사용된 인용문, 사진 등은 모두 원저작자의 사용허가를 받았으며, 일부 해결되지 않은 저작권이 있을 경우 적극적으로 해결하도록 하겠습니다.
◆ 도서 제목은 『 』, 잡지, 논문 등은 「 」로 표기했습니다.

오늘부터 그 자리에 의자를 두기로 했다

집에 가고 싶지만, 집에 있기 싫은 나를 위한 공간심리 수업

박상희 감수
윤주희 지음

필름

Psychology | *Therapy* | *Ritual* | *Lifestyle* | *Layered Home*

감수의 글

공간을 통해 인간의 심리를 심도 있게 통찰하다

박상희•

　여느 정리전문가의 글에서도 보지 못한 깊은 심리적 이해가 이 책에서 느껴진다. 저자는 공간이 얼마나 사람의 삶을 담고 있는지, 얼마나 긴밀하게 심리와 연관되어 있는지를 가장 잘 알고 있는 공간전문가다. 공간이란 사람이 머무는 곳이다. 그곳에서 '나'는 쉼을 얻고, '상처받은 마음'에 공감을 얻고, '우리'는 더욱 가까워지며 '상처받은 우리'는 서로 어루만져줄 수 있다는 그녀의 관점은 참으로 치유적이다.

　어렸을 적부터 남달랐던 정리 재능으로 공간전문가가

• 위기상담전문가/심리상담전문가, 현 샤론정신건강연구소 소장

된 저자는 누군가의 집을 정리해주고, 어떻게 정리하는지를 가르쳐주면서 수많은 사람의 인생을 들여다보았다. 그러면서 그들이 삶의 고단함과 정리의 어려움을 털어놓으며 아파하는 모습과 모든 집 정리가 끝났을 때 느낀 희망과 치유를 이야기하며 흘리는 눈물을 보고 공간을 바꾼다는 것은 비단 물리적 변화만 일어나는 것이 아니라 그들의 삶 자체를 바꾸는 것임을 깨달았다.

사람이 살아가는 공간 안에는 삶의 깊은 조각들, 다시 말해 사랑, 이별, 행복, 기대, 희망, 절망, 함께함, 고독, 환희, 고통, 추억 들이 쌓여 있음을 알게 된 것이다.

> 과거를 정리하지 못하고 미래가 불안하기 때문에 버리지도 못하고 정리하지도 못한다. 그러니 도리어 쌓아두게 되는 것이다. 혼란스러운 자신의 마음 상태에 대한 자각이 필요하다. 집 쓰레기를 비우듯 마음에 정리되지 못하는 것들을 하나씩 정리하는 것은 건강한 마음 상태를 지켜나갈 수 있는 하나의 방법이다.

인간의 마음을 들여다보는 저자의 통찰은 정확하다. 심각할 정도로 정리하지 못하는 사람의 심리 상태는 매우 복합적이다. 물론 시간이 없어서, 할 일이 많아서, 습관이 되어 있지 않아서라고 설명할 수도 있지만, 나의 공간이 나의 삶을 고통스러울 정도로 공격하는 지경이라면 분명 좀 더 확실한 심리적 이유가 있다. 과거의 상처나 추억이 해결되지 못한 채 켜켜이 쌓여 있거나 미래에 대한 불안한 마음이 현재 삶을 지배하고 있는지도 모른다. 그녀가 이 책에서 소개한 저장 강박증의 사례, 애도의 사례, 관계를 간절히 원하는 사례 등 모든 사례가 이를 증명하고 있다.

> 단순히 내 집이 바뀌고 좋은 환경이 되어서 눈물을 흘리는 기쁨의 감정이라기보다 훨씬 깊은 내면의 감정 표현이라고 생각한다. 물건들을 만지고 버리고 정리하는 과정에서 인생을 다시 한번 돌아보게 되어 느끼는 아련한 눈물일 수도 있고, 답답하게 억눌려 있던 물건들이 사라지면서 느끼는 통쾌한 눈물일 수도 있다. 공간을 매만지면서 내면의 무엇인가가 터치되었다는 것인데, 이것은 프로이드^{Freud}가 말한 무의식의 세계와 가깝다.

공간이 바뀌면서 깊은 무의식이 터치되었다는 그녀의 해석 역시 마찬가지다. 무의식은 인간 정신의 가장 크고 깊은 심층에 잠재해 있으면서 인간의 의식적 사고와 행동을 전적으로 통제하는 보이지 않는 힘이다. 인간이 일상을 살아가

다가 어떠한 이유로 억압되었던 경험이나 사고는 사라진 것이 아니라 무의식 속으로 들어가 잠재하면서 삶의 순간순간에 그 모습을 드러낸다. 개인의 오랜 삶이 가장 잘 드러나는 주거 공간의 변화는 그들의 억압된 무의식을 흔들어놓음으로써 그들에게 기쁨, 환희, 안타까움, 그리움 등의 감정을 표현할 수 있게 도와주었을 것이다.

신체화 혹은 화병 증상을 보이던 고객들이 자신의 공간이 변화하는 경험을 했을 때 커다란 위로를 받았음을 설명한 부분은 개인적으로 가장 흥미로운 내용이었다. 지금까지 나온 정리전문가의 책을 읽어보면 저장강박증이나 우울증 정도의 증상을 공간과 연결해서 이해해보려는 글은 본 적이 있었지만, 신체화나 화병 등의 증세까지 공간과 연결해서 깊이 있게 이해해보려고 한 글은 보지 못했다. 특별한 신체적 병명 없이 마음이 너무 아파서 몸이 진짜로 아픈 병 신체화 그리고 미국 정신의학회에서 출판하는 「DSM-4: 정신질환 진단 및 통계 매뉴얼」에도 기재된 한국인 특유의 마음의 한을 나타내는 화병은 많은 이들에게 고통을 주는 병이지만 심리 관련이나 정신의학 관련 종사자가 아니면 잘 언급하지 않는 병명이다. 저자 윤주희 대표가 이러한 증상까지도 놓치지 않고 주의 깊게 연구한 까닭은 그녀가 심리전문가가 아님에도 불구하고 그녀를 찾는 고객들의 마음의 문제에 각별한 애정을 보였기 때문이라고 생각한다. 또한 자기 일을 대하는 이와 같은 자세는 아직은 불모지와 같은 '공간정리와 심리치유' 분야에 있어서 앞으로도 많은 유익한 연구들을 이끌어 낼 수 있는 좋은 시도이기도 하다.

이 책에서 가장 눈여겨볼 만한 부분은 역시 글 곳곳에서 접하는 생생한 사례 소개가 아닐까 한다. 삶이 주는 감동을 이길 수 있는 것은 없다. 사례가 보여준 변화와 발전이 『오늘부터 그 자리에 의자를 두기로 했다』를 읽는 고객들에게도 큰 도전과 즐거움을 주리라 생각한다. 다양한 사례 소개에서 보여준 여성 심리에 대한 이해, 남성 심리에 대한 이해, 소아와 청소년의 발달 과정에 맞는 심리적 이해는 앞으로 이 분야에 대해서 더욱 활발할 논의가 이루어질 수 있고, 그 중심에서 윤주희 대표가 중요한 역할을 할 수 있음을 드러내주고 있는 듯하다.

이 책에 쏟아진 찬사

저자에게는 두 가지 특별한 능력이 있다. 우선 특별한 공감력이다. 그녀의 공감 능력은 타고났다. 누군가의 집을 정리한다는 것은 상대방의 삶을 이해하지 않고서는 결코 해낼 수 없는 일이다. 친구가 기쁘면 진심으로 같이 기뻐해주고, 슬퍼하면 자기 일처럼 아파해주는 사람이다. 그러니 정리를 마친 후 행복해하는 사람을 보는 일에 몸을 마다할 이유가 있겠는가. 또 하나는 '예쁜 것'에 대한 지독한 애정이다. 그녀는 슬퍼서 울다가도 예쁜 무엇인가가 눈에 들어오면 "예쁘다"고 말하고 다시 울 정도의 사람이다. 어딜 가나 예쁜 것들에 대한 찬사부터 시작하는 그녀는 눈이 네 개쯤 달려 있는 것이 아닌가 하는 착각이 들기도 한다. 친구들 머리에 가르마 각도를 바꾸어주거나, 스카프를 다시 매주거나 하며 무엇인가를 더 예쁘게 만드느라 그녀의 손은 늘 바쁘다. 신기한 것은 그 손이 스쳐가고 나면 무엇이든 훨씬 더 세련되고 멋지게 된다는 것이다.

개인적으로 인간에게 가장 중요한 세 가지, 의식주衣食住와 정신·심리 간의 연관성에 관심이 높아 지속적으로 연구하고 있다. 이 책을 통해 '공간과 심리'에 대한 많은 통찰과 의미를 깨닫게 되어 고마운 마음이다. 공간에는 힐링의 힘이 있다고 확신하고 있는 그녀가 여태껏 그래왔듯 앞으로도 공간의 변화를 통해 많은 이들을 위로하고, 치유하고, 도와줄 것이라 확신한다.

_사론정신건강연구소 소장 박상희

얼마 전 집을 정리해주는 방송프로그램에 출연 후 물건이 정리되면 가족 간의 관계, 감정도 함께 정리되는 놀라운 힘이 있다는 것을 깨달았습니다. 정리는 곧 관계회복과 가족 간의 사랑이 다시 시작되는 전환점입니다. 아직 '정리의 힘'을 느껴보지 못한 분들에게 이 책이 '나도 이제 정리할 수 있다!'라는 용기를 주는 책이 되길 바랍니다.

_개그우먼 조혜련

•••

공간 정리는 곧 마음 정리이고, 마음 정리는 곧 삶을 정리하는 것이라는 걸 깨닫게 해준 책. 빈 공간이 생기면, 우리는 그 공간 속에 알찬 무언가가 채워질 거란 기대와 희망이 생긴다. 공간치유 윤주희 대표는 공간이 삶에 미치는 영향을 밝히고 정리를 통해 새로운 삶으로 나아가는 길을 뛰어난 통찰력과 심리적 접근 방식으로 누구나 읽기 쉽게 풀어냈다. 정리하고 싶지만 한계에 부딪히곤 하는데 그때마다 나는 이 책을 곁에 두고 펼쳐보려고 한다. 바쁜 현대인들의 마음을 공감해주고 공간으로 충분히 삶이 윤택해질 수 있다고 말하는 저자의 노하우를 전수받아야 할 이유가 여기에 담겨 있다.

_아나운서 김성경

언젠가 쓸지도 모른다며 의상, 소품 등을 쌓아놓고 비싸다고 쓰지도 않는 물건을 몇 년이고 모셔놓고 살았습니다. 벗어나고 싶은 기억까지도 아깝다고 떠안고 살았던 미련한 세월이지만, 정리정돈 재주가 없어서 고민이 많았습니다. 적어도 이 책을 만나기 전까지는 말이죠. 윤주희 대표는 매우 설득력 있게 비우기와 채우기를 시도하라고 말합니다. 물건에 대한 집착을 가지면 가질수록 과거의 깊은 감정 속에 갇혀 빠져나올 수 없다고 말입니다. 버릴 물건과 간직할 물건을 선택하는 현명한 방법을 알려주면서 우리가 반드시 그래야 하는 이유를 다양한 사례와 저자의 오랜 지혜를 한데 통합하여 보여주는, 정리정돈 관련 책 중에서도 보기 드문 역작이라고 생각합니다. 정리 고수 전문가의 노하우를 배울 수 있는 기회를 알게 되어 기쁩니다. 많은 독자분이 정리를 하면서 삶을 새롭게 정화할 수 있는 기회가 되기를 바랍니다.

_배우 윤해영

●●●

공간을 아름답게 만드는 일을 하는 사람으로서 그 공간을 아름다운 상태 그대로 실용적으로 지속될 수 있게 하는 공간치유의 작업은 볼수록 어떤 마술을 부리는 것 같습니다. 많은 분에게 그런 마술 같은 일을 가능하게 해줄 책이 나온다는 사실이 너무나 기쁩니다. 언제나 응원합니다.

_『365일 건축일기』 저자 달앤 스타일 대표 박지현

모델하우스 같은 집, 예쁜 카페 같은 부엌, 화보에 나오는 아이들 방처럼 살고 싶었지만 현실에 부딪혀 포기하고 사는 분들이 많을 거라 생각합니다. 저를 포함해서 말이에요. 어느 날 윤주희 대표님의 손길이 저희 집에 닿고 나서 느꼈습니다. 정리는 마음의 안정과 내가 머무르는 공간을 더 사랑하게 되는 과정이라는 걸요. 동시에 공간이라는 여백이 생김으로 내 마음의 여유가 생기는 것이라고 믿게 되었습니다. 이 책은 정리에 어려움을 겪는 사람들의 마음을 어루만지고 함께 극복하며 새로운 삶으로 만들어가는 저자의 여정이 모두 담겨 있습니다. 많은 분들이 이 책을 통해 정리의 기쁨을 함께 느끼길 바랍니다.

_배우 김세아

•••

공간과 정리에 관한 생각을 완전히 바꾸게 만드는 책이다. 공간이 주는 치유의 힘을 믿는 그녀의 확신과 그것을 몸소 증명하는 풍부한 그녀의 경험을 보고 있노라면 한 사람의 믿음이 수많은 인생을 바꾸어놓을 만큼 긍정적인 힘을 발휘할 수도 있다는 사실에 놀라움을 금할 수 없다. 『오늘부터 그 자리에 의자를 두기로 했다』는 정리에 관한 깊이 있는 이해와 더불어 공간이 만드는 치유의 힘과 우리의 새로운 라이프스타일을 흥미진진하게 풀어내며 밝은 미래의 희망을 제시한다.

_가수 서지오

매달 독자들의 사연을 받고 공간치유 윤주희 대표의 노하우를 전하는 기사를 연재한 지 수개월이 지났습니다. 사연 속 공간이 과연 새로워질 수 있을까 걱정하는 것이 무색하게 그녀는 매번 산뜻한 정리의 기술을 펼치곤 합니다. 처음에는 가구의 제자리를 찾고 한정된 공간에 효율적으로 물건을 수납하는 정리 노하우가 눈에 띄었습니다. 몇 달이 지나자, 그녀의 손을 거친 공간이 달리 보이기 시작했습니다. 한눈에 화려하게 눈길을 사로잡진 않지만, 오래도록 단정한 예쁨을 유지하는 공간을 만든다는 게 느껴졌습니다. 아마도 사는 이의 삶을 배려해 컨설팅을 진행하고, 정리된 공간을 지속 가능하게 누렸으면 하는 마음을 담았기 때문이 아닐까요. 공간치유의 서비스를 직접 만나지 못하는 이들도 이 책을 통해 윤주희 대표의 노하우를 접하길 바랍니다. 공간을 정리하는 건 마음을 돌보는 일이라는 그녀의 이야기를 읽는 것만으로도, 삶이 조금은 치유될 거라 믿습니다.

_「리빙센스」 편집장 홍주희

시작하는 글

공간은 삶을 바꾸는 첫 번째 조건이다

인생의 절반을 지나면서 새로운 직업을 선택하게 되었다. 늦은 출산으로 하던 일을 접고 한동안 육아에 전념했다. 그러다 인생 후반기에는 보다 가치 있는 일, 그리고 내가 가장 좋아하는 일, 이 두 가지를 하면서 살아야겠다는 생각이 들었다.

아주 어려서부터 집을 예쁘게 꾸며놓고 사람들을 초대하기 좋아했다. 중학생쯤이었을까. 엄마와 동대문 시장에 갔을 때 톤 다운된 세련된 그린 컬러 원단을 골라 온 다음 집에 있는 낡은 소파를 직접 감싸고 커튼을 만들었다. 재봉틀을 잘 사용하셨던 엄마 덕분에 내가 디자인한 대로 커튼이 완성되었고 낡은 소파가 예쁘게 탈바꿈했던 기억이 아직도 생생하다. 그리고 이웃 사람들이 와서 집이 예쁘다고 하면 그 어떤 칭찬보다 가슴이 설렜다. 그때 느꼈던 감정이 아직도 마음속에 남아 있다.

집을 꾸미는 일에 남다른 관심이 있었던 것이다. 심리상담사 친구에게 핵심 코어를 찾는 검사를 했을 때도 '집'이라는 단어가 나의 핵심가치라는 결과가 나왔다. 집을 아름답게 꾸미고 그 안에서 사람들과 따뜻한 마음을 공유하는 것이 가장 소중한 가치였고 행복의 원동력이었다.

공간과 사람, 두 가지 키워드가 있을 때 나는 행복했다. 그래서 결심하게 되었다. 그동안 내가 해왔던 일을 과감히 내려놓고 집을 가꾸는 일을 하면서 인생 제2막을 시작해보겠다고 말이다. 그리고 살면서 늘 해왔고 앞으로도 삶을 살아가는 내내 해야 할 일이라고 여겼던 또 다른 한 가지는 바로 봉사였다. 봉사에 대한 마음은 늘 가슴속에 품어왔다. 하나님께서 주신 재능이라고 생각하고 이웃에게 그 재능을 나누며 사는 것이 소중한 가치라고 생각했다. 그렇기에 이 두 가지를 함께하면서 살 수 있다면 내 인생의 두 번째 문을 열어보고 싶다고 생각한 것이다.

좋은 집을 근사하고 아름답게 꾸며주는 일을 해야겠다고 다짐했건만, 내 발길을 이끈 곳은 아주 열악한 환경 속에서 살던 이웃들 집이었다. 사람이 거주하기에는 너무 불편한 곳, 너무 비위생적인 곳, 너무 차가운 곳이었다. 그런 집을 하루 종일 닦고 쓸고 정리해주며 처음으로 알게 된 정리전문가라는 직업이 내가 해야 할 일이라는 걸 확실히 깨달았다. 선택에 후회는 없다. 지인들이 체력적으로 너무 힘들지 않느냐고 걱정해도 고된 노동보다 이 일이 훨씬 가치 있다는 걸 알기에 조금도 고민하지 않는다.

정리된 집에서 사람이 변하고 삶이 바뀌는 것을 경험할 때 희열을 느낀다. 사람은 누구나 집에서 산다. 집은 안식을 주고 소통의 공간이며 삶을 살아가기 위한 에너지를 축적하는 곳이다. 그렇기에 집을 가꾸고 정리해야 한다. 그래야 집에서 내가 원하는 일을 영위하며 살 수 있다. 나는 이 책을 써 내려가며 사람이 얼마나 소중한 존재인지, 그래서 사람을 담는 집이 얼마나 가치 있는 공간인가를 함께 공감하기를 바란다. 또한 집을 가꾸고 정리하는 것이 단순한 정돈 작업이 아닌 마음을 가꾸고 다잡을 수 있는 리추얼^{Ritual}이 된다는 것을 전달하고자 한다.

환경이 마음에 미치는 심리적 영향은 아주 크다. 정리 후 그들이 울었고 그들이 웃었다. 그리고 물건을 비우면서 과거를 지워나가듯 마음의 아픈 흔적을 지워가기도 하고 새로운 마음가짐으로 삶을 계획하기도 했다. 우리는 때로는 매일같이 몸담고 있는 집을 사랑하지 않을 때도 있다. 지저분한 방이 마치 자신을 돌보지 않는 마음의 대변이기도 하다. 하지만 방치된 공간이 돌봄을 통해 따뜻한 생기를 찾을 때 차가웠던 마음까지 뜨거운 행복으로 차오른다.

공간이 사람에게 주는 심리적 영향이 얼마나 큰지를 고민하고 깊게 생각하게 되면서 이 책을 집필하게 되었다. 공간에 대한 연구와 노력은 곧 사람을 향한 마음에서 출발하는 것이다. 더 많은 사람의 마음을 공감하기 위해 나 또한 나 자신에 대한 심리적 통찰을 멈추지 않을 것이다.

이 책을 집필할 수 있도록 제안해주신 필름 출판사와 바쁜 일정 속에서도 책을 써 내려갈 수 있는 힘을 보내준 가족과 남편에게 감사의 마음을 전하고 싶다.

그리고 이 책의 심리적 접근에 대해 조언해주며 감수자로서 큰 역할을 해준 사랑하는 나의 친구 박상희 소장에게 고마움을 전한다.

2021년 3월

윤주희

Contents

감수의 글: 공간을 통해 인간의 심리를 심도 있게 통찰하다 005
이 책에 쏟아진 찬사 010
시작하는 글: 공간은 삶을 바꾸는 첫 번째 조건이다 015

Chapter 1

매일 정리하는 인생

삶은 정리의 연속이다 027
변화된 일상, 쌓여가는 물건들 036
집 안에 머무는 나의 심리 상태 043
흐트러진 물건을 보고 느끼는 감정의 차이 052
정리를 할까? 시킬까? 058
배우자와 심리적으로 가까워지는 공간 065
집순이가 집 밖을 안 나오는 이유 071
정리하면 더 이상 아프지 않다 078
지금 당장 그 물건을 쓰레기통에 넣어라 083
버리지 않는 한국식 미니멀 라이프 093

Chapter 2

공간이 심리학에 묻다

우리 엄마도 혹시 저장강박증일까?	103
온갖 잡동사니로 가득 찬 집	
아이들은 어떤 환경을 좋아할까?	108
아이들만의 공간, 집 속의 집	
사는 곳을 자랑하고 싶은 여자들	115
인플루언서들의 건강한 나르시시즘	
엄마가 행복해지는 부엌	120
집 안의 분위기를 결정하는 공간	
집콕 시대, 집에서 우울했던 이유	124
쓰레기통 같은 우리 집	
발길이 머무는 화장실의 비밀	128
가장 개인적인 공간	
그들은 왜 울었을까?	131
집 정리가 끝났을 때 느끼는 감정	
집 나가는 아이들	135
왜 집에 들어가고 싶지 않을까?	
동굴을 찾는 남편들	140
독립 공간을 필요로 하는 남자들	

Chapter 3

집이 달라지면 마음이 치유된다

쓰레기를 주워 와서 입히고 살았던 엄마   149
"내 물건을 버린다면 정리에 협조하지 않겠습니다."

먼지가 수북한 공간에서도
예쁜 향초를 피우고 싶었던 소녀   157
향이 퍼지는 순간만큼은 먼지 냄새가 묻히기를 바라며

혼자 다 먹지도 못하는데 과일 청을
가득 담그던 어머니   165
사람들과 소통하고 마음을 전하는 선물

침대방을 가지고 싶었던 꿈 많은 소년   172
"침대방이 있었으면 좋겠어요. 침대에서 자고 싶어요."

폐질환을 앓으면서도 운동을 멈추지 않던 남자   179
"몸이 불편해도 나는 운동을 쉬지 않고 해야 하오."

아이를 지키고 싶었던 엄마라는 이름   185
"아이와 함께 더 자주 눈을 맞추며
많은 시간 함께할 수 있다면."

옷이 넘치고 넘쳐도 또 사고 싶은 여자   191
"입지 않는 옷이라도 쇼핑을 멈추지 않을 거예요."

내가 어떻게 살았는데   197
"이렇게 좁은 집에 살게 될 줄 몰랐어, 내가."

Chapter 4
아직도 정리를 망설이는 당신에게

마흔 살 무렵에는 정리를 시작하자	205
정리의 첫 단추를 잘 끼우기 위해서는 신혼 살림이 중요하다	208
세상에서 가장 소중한 아이와 부모를 위한 정리의 경계선	212
사회에 첫발을 내딛는 청년들을 위한 시간 관리와 정리	216
아직도 정리를 망설이는 당신에게	221

Chapter 5
발길이 머무는 공간 정리 노하우

좁은 공간 넓게 활용하는 정리법	226
틈새 공간도 아낌없이 활용하기	230
정리의 시작, 베란다와 현관	233
카페 같은 주방 정리 스타일링	239
쇼룸 같은 드레스 룸 정리 스타일링	255

마치는 글:
천천히 여행하듯 집 안에서 마음을 그려나가길   269

Chapter 1

매일 정리하는 인생

삶은 정리의 연속이다
변화된 일상, 쌓여가는 물건들
집 안에 머무는 나의 심리 상태
흐트러진 물건을 보고 느끼는 감정의 차이
정리를 할까? 시킬까?
배우자와 심리적으로 가까워지는 공간
집순이가 집 밖을 안 나오는 이유
정리하면 더 이상 아프지 않다
지금 당장 그 물건을 쓰레기통에 넣어라
버리지 않는 한국식 미니멀 라이프

삶은 정리의 연속이다

> 당신이 무언가가 싫다면 그것을 변화시켜라. 만약 당신이 그것을 변화시킬 수 없다면 그것에 대한 당신의 생각을 변화시켜라.
>
> _메리 엔젤브레이트

    태어날 때부터 나는 정리정돈과 집 청소를 깔끔히 하는 아버지 밑에서 자랐다. 아침 6시만 되면 단잠을 깨우던 아버지의 청소기 소리가 아직도 귓가에 맴돈다.

    그런데 그때는 몰랐다. 아버지의 청소와 정리 습관이 정서적으로 안정을 주었던 내 방을 만들었고, 살면서 집이 지저분하거나 쌓인 짐들 때문에 불편함을 느껴본 적이 단 한 번도 없었다는 사실을 말이다. 난 그렇게 공간을 가꾸고 정리하는 집안 분위기를 닮아가면서 성장하고 있었다.

    아버지는 왜 그렇게 열심히 청소를 하셨을까? 그때의 아버지는 지금의 내 딸이 어른이 되어서 나를 기억하는 엄마의 모습일 것이다.

공교롭게도 나는 다른 사람들의 집을 정리해주는 정리 전문가로서 살고 있다. 그렇다면 아버지한테 물려받은 정리 재능을 발휘하고 있는지도 모르겠다.

사람들은 늘 무언가를 정리하면서 살고 싶어 한다. 며칠 전부터 옷장 안에 산더미처럼 쌓인 옷들을 보면서 저것들이 가지런히 제자리에 걸려 있지 않으면 입고 나갈 옷이 없을 것 같다는 불안감에 옷장을 정리하고 싶어 한다. 부엌 식품장에 가득 찬 식료품을 보면서 미래를 보장해주는 우리 집 식품들이라는 생각에 뿌듯해하면서도 저게 쏟아져서 주방이 엉망이 되면 어쩌지 하는 불편한 마음에 어쩔 수 없이 정리하고 싶다고 느끼는지도 모른다.

우리는 인생을 살아가는 동안 그 시점에 맞는 필요한 물건을 구입하고 간직한다. 그리고 내가 사들인 물건에 기억과 시간을 담아간다. 우리 생애는 내가 아끼던 물건을 남겨놓고 떠나는 삶이다.

정리는 단순히 물건을 넣고 꺼내고 줄을 맞추는 것과 같은 작은 행위가 아니다. 보기 좋게 잘 넣어두는 것이 정리라고 여기는 경우가 많지만, 물리적 행위가 아닌 시간을 정리한다거나 생각을 정리한다거나 때로는 인간관계를 정리하는 등 무형적인 것들도 정리하는 일에 속한다. 그중 정리하기 위해 오래된 물건을 마주하다 보면 지난 추억이나 기억을 담고 있는 물건을 발견하기도 한다. 그러므로 물건을 정리한다는 것은 단순히 물건을 비우고 자리에 넣는 행위보다 훨씬 큰 의미를 담고 있다고 할 수 있다. 삶의 시계를 정리하는 것처럼 말이다.

    어느 고객의 집을 정리해주었다. 화목한 가정이었고 함께하며 너무나 즐거웠다. 각자의 물건을 선별할 때도 가족 모두가 동그랗게 둘러앉아 오랫동안 꺼내지 못했던 아이들의 어릴 적 사진과 추억이 담긴 물건들을 만지면서 이야기꽃을 피웠다. 그중엔 아주 오래전 엄마가 만들어준 아이들 인형도 있었고 아이들이 직접 그린 그림도 있었다. 그런데 정작 이런 물건이 있었는지조차 그들은 기억하지 못했다고 한다. 그 자리는 어느덧 물건 정리 시간이 아닌 가족의 추억을 정리하는 시간으로 바뀌고 말았다.

    이 가정의 집 안 물건에는 기쁨과 따뜻한 가족의 시간이 담겨 있었다. 그리고 오래되어 더 이상 보관할 필요가 없는 물품들을 하나씩 정리하면서 비워진 공간에 새롭게 시작할 시간들을 채울 준비를 한다. 고등학생이었던 자녀가 대학교 입학을 준비하면서 마주하게 될 새로운 공간을 남기면서 말이다.

특별한 기억이 담긴 물건을 보관하던 또 다른 가정을 만난 적이 있다. 엄마와 두 남매 이렇게 세 가족이 함께 사는 집이었다. 그 집 거실에는 어항이 하나 있었는데 아주 오랫동안 사용하지 않은 듯 방치되어 있었다. 그동안 관리도 전혀 하지 않아 무척 지저분해 보였다.

어항을 바라보던 어머니는 이 어항이 남편이 생전에 좋아했던 물건이었다고 말을 꺼냈다. 남편이 세상을 떠난 지 오래되었지만 차마 버리지 못하고 있다고 말이다. 남편이자 아버지의 기억이 묻은 어항이 없어지면 가족의 슬픔이 더욱 커질 것이라는 이유 때문이었다. 그렇게 관리도 하지 못한 채 오랜 시간 거실 한 켠에 자리 잡고 있었던 것이다.

나는 조심스럽게 그 물건을 버릴 것을 권하기로 하고 대화를 시도했다. 먼저 어항이 지금까지 계속 보고 싶은 물건이었는지, 그리고 앞으로도 보고 싶을 물건인지를 물었다. 혹시 그렇다면 어항을 잘 닦아서 가장 좋은 자리에 놓아드리겠다고 했다. 그런데 어머니는 사실 그것을 볼 때마다 마음이 우울했고 또 슬펐다고 한다. 하지만 막상 용기가 나지 않아서 버리지 못했다는 것이다.

그렇다면 우리가 대신 버리는 역할을 해드리겠다고 말했다. 어항을 치우고 그 자리에는 지금 세 가족의 사진을 놓아드리는 것은 어떻겠느냐고 말이다. 그러자 어머니는 나지

막이 그리 해달라는 의사를 표현했고, 그 자리에는 세 가족의 사진이 놓이게 되었다.

이후 세 가족이 근황을 전해왔는데, 오랫동안 슬픔에 잠겼던 어항을 버리면서 어쩐지 아버지 기억을 지워버린 것이 아니라 도리어 아버지와의 소중한 기억을 더 생각나게 했다고 한다. 또 가족 모두가 더 단단하게 살기로 다짐했다고 전해왔다.

심리치료법 중에도 비슷한 내용을 찾아볼 수 있다. 사별로 인한 부정적인 정서적·신체적 반응이 시간 흐름에 따라 점차 완화되고, 인지적·감정적으로 상실을 받아들이며 남아 있는 사람들과의 관계를 유지하고 재형성하면서 상실 이후의 삶에 적응하는 것을 '애도의 과정'이라고 한다.

정신의학자 존 볼비(John Bowlby)는 이러한 애도의 과정을 네 단계로 정의하였다.

애도의 4단계

- 1단계: 충격과 무감각의 시기

  부정 및 회피하려고 하며 상실에 대한 분노를 느끼는 단계

- 2단계: 강한 그리움의 시기

  고인을 보고 싶고 다시 만나고 싶어 방황하는 단계. 그러나 만날 수 없다는 현실에 좌절, 분노, 슬픔 등의 감정을 경험

- 3단계: 와해와 절망의 시기

  상실을 현실로 받아들이는 단계. 다시 돌아올 수 없다는 생각에 허망함, 절망감 경험. 인생의 의미를 잃어버렸다는 느낌과 수면 장애, 식욕저하 등을 겪음

- 4단계: 재조직과 회복의 시기

  고인과의 추억을 떠올리면 슬픔과 함께 긍정적인 감정도 조금씩 느낄 수 있는 단계. 상실의 감정도 점차 무뎌짐. 점차 자신의 생활을 회복하면서 삶의 새로운 목표를 다시 만들어가게 됨

위 어항을 버린 가족의 사례는 애도의 한 과정이었다고 생각한다. 건강하게 삶을 회복하기 위한 중요한 정리 포인트였던 것이다.

삶은 정리의 연속이다. 싫증이 나서 더 이상 입기 싫어진 옷을 정리하는 물리적 행위를 인생을 살아가는 동안 수없이 반복해야 한다. 뿐만 아니라, 우리는 생애 우연히 만나는 기쁘고 슬픈 일 역시 정리하고 비우기를 되풀이하면서 계속 삶을 그려 나가야 하기 때문이다.

물건에 담긴 이야기와 감정을 정리하는 일은 어쩌면 새로운 나날을 맞이하기 위해 매번 반복해야 하는 불가피한 일

이 아닐까 싶다. 과연 우리는 살아가는 동안 마음과 생각을 담아 물건을 마주하고 비우고 정리하는 일을 몇 번이나 해왔을까?

> 그렇다면 중년의 삶의 폭은 줄어들기만 할까? 그렇지 않다. 오히려 지금 이 나이가 되었기 때문에 할 수 있는 것이 있을 수도 있다. 젊은 시절에 하고 싶었지만 못했던 것을 지금 와서 할 수 있는 경우도 있을 것이다. 노전정리란 그런 것을 생각하는 시간을 마련하는 기회이기도 하다.
>
> _『마흔살의 정리법』, 사카오카 요코, 이아소

이 책의 저자 사카오카 요코坂岡洋子는 늦기 전에 정리하는 '노전정리법'을 이야기한다. 자신의 물건을 정리하며 인생 후반전을 시작하라는 것이다. 그런데 노전정리를 사람이 죽은 다음 하는 유품 정리라고 인식하는 사람이 꽤 많다.

하지만 저자가 말하는 노전정리는 노년을 맞이하기 전에 집을 정리하는 것을 뜻한다. 새로운 인생을 설계하라는 것이다. 나는 이 저자의 메시지에 깊이 공감한다.

정리컨설팅 고객들 중에는 연세가 꽤 높은 분들도 있다. 하지만 알고 보면 대부분 그들의 자녀나 다른 가족들의 요청으로 진행되는 경우가 훨씬 많다. 게다가 부모 자식 간에 미리 협의가 잘되어서 순조롭게 진행되기도 하지만, 집을 정리한다는 것이 어르신들에게는 쉽지 않은 선택이기 때문에 자녀분들과 함께 어렵게 설득해야 할 때가 더 많다.

어르신들은 본인 살림에 대한 애착이 특별하다. 모든 것이 귀하고 버릴 수 없는 세월의 흔적이라고 생각한다. 그렇지만 잘 생각해보면 그분들의 살림살이 대부분은 사용할 도구가 아닌 보관용 물건들이다. 결국 그 물건들은 훗날 자녀들이 고스란히 정리해야 하는 순간을 맞이할 것이다.

정리전문가로서 나는 물건을 무조건 버리라고는 하지 않는다. 물론 정리의 첫 시작은 '비우기'부터 시작한다는 규칙을 정하고 있지만, 누구나 자신만의 소중한 물품들이 있기 때문이다. 남에게는 하찮을지 몰라도 자신에게는 오랜 시간 소중히 간직했던 추억일 수 있다. 그런 물건을 버리라고 강요하는 것은 클라이언트에 대한 배려가 아닌 나의 기준이 될 수 있다.

그렇지만 노년이 오기 전에 점차 물건 양을 줄여가라고 말해주고 싶다. 죽음 후에 자녀에게 나의 살림을 모두 남겨줄 생각이 아니라면 말이다. 그리고 노년이 되면 그 어느 때보다도 풍요로운 시간을 보내야 한다. 불필요한 물건을 껴안고 있다가는 노년의 가치 있는 시간을 준비할 때 어려움이 따른다. 정리하기 위해 버릴 것을 찾아내느라 시간만 낭비하게 되는 것이다. 켜켜이 쌓인 물건이 인생 후반에 무슨 도움이 된단 말인가. 그때 그 시기에 꼭 필요한 것만 남기는 방법으로 평생정리를 시작하자.

몇 년 전부터 종종 과일을 갈아 먹다가 작년부터 손이 가지 않은 주서기가 있다면 주저 말고 오늘 정리하자. 그리고 내일은 그 빈자리에 요즘 즐겨 마시는 찻잔을 놓아두자. 그 또한 정리에서 얻은 내 삶의 여유로움이 아닐 수 없다.

이처럼 비우고 채우는 것 두 가지로 평생 정리하는 삶을 살아간다면, 노년이 되었을 때 집 안의 물건들이 불편해 보여 자녀들이 정리를 대신 의뢰해주지 않아도 될 심플하고 가치 있는 인생을 살 수 있을 것이다.

변화된 일상,
쌓여가는 물건들

행복의 필수조건은 갖고 싶은 것을 갖
지 못한 채 지낼 수 있는 능력이다.
_버트란드 러셀

우리는 이제 너무 바쁜 일상을 살게 되었다. 직장에 나가서 자정이 되어야 집에 들어오는 일개미 가장이 되었거나 육아와 직장 생활을 병행해야 하는 슈퍼맘 또는 슈퍼대디다. 소개팅할 시간조차 없어 연애도 쉽지 않은 미혼이기도 하고, 하루 종일 집안일을 하고도 내일 또 해야 할 집안일을 걱정하는 평생 주부라는 직업인이라 하루하루가 바쁘다. 수시로 변화하는 문화적 흐름에 맞춰 모든 일상이 빠르게 지나가고 있다.

이렇게 바쁜 우리는 어떻게 살아야 잘 사는 것일까? 어릴 적 생일날 엄마가 손을 잡고 시장에 나가서 예쁜 옷과 신발을 사주시고는 기뻐하던 모습이 아직도 생생하고 따뜻하게 기억난다. 그렇게 특별한 날 엄마가 사준 옷은 기억에서 지워지지 않을 만큼 소중한 물건이었다.

어느덧 어른이 되어 결혼을 했고 예쁜 두 딸을 낳았다. 예쁘고 사랑스러운 딸들 중 첫째아이가 지난 달 생일을 맞이했다. 나는 딸에게 물었다.

"생일인데 뭐 가지고 싶니?"

딸은 고민도 하지 않고 대답한다.

"엄마가 알아서 사주세요!"

엄마에 대한 배려였는지 아니면 쑥스러워서 뱉은 대답이었는지 잠시 생각하게 했지만, 나는 알고 있었다. 평소 원하는 것들을 언제든 가질 수 있는 아이에게 생일날이 이제는 특별한 물건을 받는 날이라는 인식이 없었을 뿐이다. 그러니 무언가를 간절히 갖고 싶다는 대답을 하지 않은 것이다.

우리는 불과 얼마 되지 않은 기간에 경제적으로 크게 성장하면서 모든 것이 풍요로워졌고, 원하는 물건은 언제라도 쉽게 구입할 수 있는 시대에 살고 있다. 이젠 물건을 가지고 싶어 하는 간절한 마음보다 신상품을 어떻게 잘 선택해서 사야 할지 고민에 빠져버렸다.

아침에 눈을 뜨면 스마트폰부터 열고 어젯밤부터 쏟아져 들어온 정보들을 곧장 받아들이면서 하루를 시작한다. 어젯밤 읽다 잠든 책을 먼저 펼쳐보거나 산책로를 걸으며 하루를 건강하게 시작하는 사람들은 많지 않다. 다만 더 과부하된 것은 물건의 풍요로움보다 세상의 정보들이다. 내가 원하든 아니든 날마다 수많은 정보에 노출되어 정보를 받아들이고 있다. 그중 나의 소비 욕구를 자극하는 쇼핑 정보 또한 밀려들고 있는 게 일상이 되어버린 것이다.

지금은 낯설게 느껴지는 부모님 시대의 단어들이 있다. '곤로'(가스레인지, 인덕션, 하이라이트), '비키니 옷장'(시스템 행거, 붙박이장) 등. 이런 예스러운 단어의 가구들은 부모님 시대에는 실생활에 없어서는 안 되는 생활필수품이자 소중한 살림살이였다. 그때가 넉넉지 못한 살림에 꼭 필요한 물건만 구비하고 살던 세대였다면, 지금은 더 편리하고 더 나은 디자인을 찾아서 빠른 속도로 물건을 교체하며 살아가는 세대다.

그렇다면 시대에 맞게 집을 꾸리고자 소비하는 일상이 무엇이 문제란 말인가? 집 안에 물건을 채워놓고 사는 것이 당연하고 특히 냉장고나 저장고에 먹거리가 가득 차 있어야만 안도감이 든다는 사람이 많다. 하지만 그전에 이 모든 것들을 저장할 충분한 공간이 있는지 생각해보아야 한다.

강의를 하다가 참석자들에게 가끔 이런 질문을 던진다.

"혹시 며칠 안으로 장 보고 오신 분 손들어 보시겠어요?"

그중 몇몇 사람이 손을 들면 나는 다시 질문한다.

"그럼 장 보고 와서 어떻게 정리하시나요?"

"냉장고에 일단 넣고 다른 물건들은 싱크대나 창고 같은 데 넣어요."

흔히 이런 식으로 답변이 돌아오면 어떻게 정리하는지 자연스럽게 이야기를 주고받는다. 그런데 어느 날은 어떤 한 사람이 이렇게 대답했다.

"음, 냉장고에 넣어야 할 식품들만 넣고 그냥 장 보고 온 가방을 그대로 두고 하나씩 꺼내 먹어요. 그리고 다 먹고 소진되면 그 장바구니에 또 장을 봐 와요."

그때 왜 그렇게 하는지 이유를 물으니 "넣을 곳이 없어서요"라는 답변이 돌아왔다.

그분은 이런 쇼핑과 정리 습관으로 산 지 꽤 오래되었다고 했다. 아마도 이와 비슷한 생활 습관을 가진 주부들이 꽤 많을 것이다. 실제로 컨설팅을 의뢰한 가정을 가보면 보관해야 할 식료품을 수납장 안에 넣지 못하고 주방 곳곳 빈자리나 식탁 위에 가득 올려놓은 채 방치하는 모습을 많이 접한다. 요즘 아파트나 주택은 수납공간이 그렇게 많은 구조가 아니다. 일부러 수납장을 만들어서 넉넉한 저장고를 만들어놓지 않는 이상 늘 부족한 공간 때문에 고민해야 한다.

　이런 문제점을 채우고자 등장한 것이 팬트리*다. 요즘 주부들의 로망으로 떠오르고 있는데, 이 또한 흔히 확보할 수 있는 공간은 아니다. 이와 비슷한 역할의 수납공간이 필요하지만 이미 가득 찬 집 안에서는 찾기가 쉽지 않다.

　그러니 수납을 포기하고 결국 쇼핑한 물건을 쇼핑백에 그대로 둔 채 오늘도 하나씩 비워가기를 택하는 것이다.

　정리정돈 컨설팅을 신청한 가정을 찾아가 정리할 것을 선별하기 위해 물건들을 꺼내놓으면 그때마다 의뢰인들이 하나같이 하는 두 가지 말이 있다. "나에게 이런 게 있었나? 이게 왜 이렇게 많지?" 이 말은 자신이 무슨 물건을 가졌는지 모르는 상태를 뜻한다. 게다가 중복되는 품목이 많다는 뜻이기도 하다. 보관 양과 재고를 파악하지 못한 상태에서는 같은 물건을 계속 구매할 수밖에 없다. 또 그것들을 제대로 기억하지 못하므로 중복 구매는 계속되고 그러다 지나치게 많은 양을 쌓아두게 되는 것이다. 요즘엔 판매를 다량으로 하는 쇼핑 구조가 많아지면서 같은 물건을 여러 개 구매하는 일이 잦아지게 된 것도 원인이다. 이런 반복적인 소비 습관이 정리가 안 된 상태로 집 어딘가에 물품을 쌓아두고 살

* pantry. 음료, 음식, 일부 접시 종류, 청소용 약품, 식탁보, 식재료 등을 보관하는 장소

아야 하는 악순환의 연속을 만든다. 이러한 악순환을 방지하기 위해서는 물건을 잘 정리하기보다 소량으로 소비하는 습관부터 들여야 한다.

    나는 대량 쇼핑을 하지 않는다. 가까운 소형 마트에 가거나 온라인 쇼핑으로 소량 구매가 가능할 때만 구입한다. 처음부터 이러한 습관이 있었던 것은 아니다. 새로 이사를 가게 되면서 과소비를 방지하기 위해 의도적으로 수납공간을 일정 양만 보관할 수 있도록 작게 만들었고 냉장고도 문 두 개로 된 작은 냉장고를 설치했다. 이 같은 시도는 정리전문가인데도 물욕이 많은 소비 습관을 절제하기 위한 특단의 장치였다. 그러다 보니 보관할 수가 없어서 소량 구매를 하게 되었고 특히 냉장고는 버려지는 음식이 거의 없을 정도로 채우지 않는다. 집 앞 마트에 우리 집 전용 냉장고가 있다고 생각하면서 소비 습관을 다졌다. 전용 냉장고가 있는 마트에 가면 언제라도 막 유통된 싱그러운 식품들을 구매할 수 있고, 많은 양을 냉장고에 가득 채워 놓을 필요가 없어졌다.

    이렇듯 소량으로 구매하는 습관은 자연스럽게 미니멀 라이프로 이어졌다. 덕분에 집에서 수납공간보다 양이 많아진 물건들을 어떻게 정리해야 하는지 고민할 필요가 없어졌다. 아이들에게 싱싱한 식재료로 음식을 해줄 수 있는 건강한 식습관도 생겼다.

　시대는 빠르게 변화하고 유행의 속도도 하루가 다르게 빨라진다. 어디든 무엇이든 배송되는 온라인 쇼핑 시대에 수없이 많은 물건을 구매하도록 정보를 주는 유혹에서 피할 수 없다면, 소비를 절제하는 자신만의 장치를 만들어보자. 소량만 보관이 가능하도록 의도적 수납 구조를 장치해놓거나 총량 규제의 법칙을 만들어서 양보다 질을 우선하는 라이프를 즐겨보자. 결국 비우는 것보다 채우기를 줄이는 것이 훨씬 쉽지 않겠는가.

집 안에 머무는
나의 심리 상태

> 장소가 달라지면 나쁜 쪽이든 좋은 쪽이든 사람도 달라진다.
>
> _알랭 드 보통

공간 심리학자 바바라 페어팔이 지은 『공간의 심리학』을 잠시 살펴보자. 저자는 "사람들이 왜 공간에 관심을 가진 걸까?"라는 질문을 던졌다.

공간심리학은 공간이 우리에게 어떤 영향을 주고 어떻게 하면 가장 편안함을 느끼는 공간을 구성할 수 있는지 연구한다고 말한다. 이때 가장 중요한 것은 사람과 그 사람이 가지고 있는 욕구이다. 이러한 메커니즘의 중심은 감정의 작용이다. 이 말은 모든 환경, 즉 모든 인위적 환경과 공간도 우리에게 감정적인 반응을 불러일으킨다는 것을 의미한다. 이 감정 반응은 긍정적일 수도 있고 부정적일 수도 있으며 때로는 아주 약하고 때로는 아주 강할 수도 있다.

_『공간의 심리학』, 바바라 페어팔, 동양북스

이렇게 심리학자들도 증명하듯 인간은 공간이라는 환경에서 다양한 감정을 일으킨다는 것을 알 수 있다. 나 역시 '공간치유'라는 회사명으로 공간정리컨설팅 회사를 운영하고 있다.

회사명을 지을 때 조금의 망설임도 없었다. 봉사를 위해 한 집을 온전히 정리해주는 일을 하다가 시작했던 정리전문가의 일은 단순히 남의 집을 정리해주고 물건을 제자리에 넣어주는 것보다 훨씬 더 큰 의미의 일이었다. 집을 새로운 공간으로 만들어놓고 나면 의뢰인들 대부분 "가슴이 뻥 뚫리는 것 같아요! 너무 행복해요"라고 감탄하거나 눈물을 글썽이며 온몸으로 감사의 표시를 전달한다. 집을 깨끗이 정리한다는 행위만으로 마음에 큰 변화를 준다는 사실을 알았다. 그리고 그 변화의 감정이 긍정적이고 기쁨의 감정이라면 분명 공간의 주는 힐링의 힘이 있다고 확신했다. '공간치유'는 그런 깨달음 속에서 정한 이름이다. 그렇다면 정리가 왜 그토록 답답했던 가슴을 시원케 해주었단 말인가?

인간은 환경에 따라 감정을 지배받으며 산다. 깔끔하지 못한 식당에서 밥을 먹었더니 소화도 안 되고 불쾌하다, 멋진 뷰가 있는 카페에서 차 한잔했는데 힐링되고 기분이 좋아졌다, 라는 식의 표현은 공간에 따라 아주 쉽게 일어나는 감정들이다. 이렇게 주변 환경에 감정을 지배받고 살면서도 이런 환경적 영향이 흔하고도 너무 익숙한 일상이 되어버려서 그런 감정이 어디서부터 왔는지 잊어버릴 때가 많다.

너무 익숙해서 감정 변화가 여기서 비롯된다는 걸 느끼지 못하는 가장 대표적인 공간은 가장 많은 시간 머무는 '집 안'일 것이다. 집에서 나는 과연 어떤 기분으로 지내며 어떤 내적 변화를 일으키며 살고 있을까? 이런 생각을 해본 적이 있기나 할까? 가장 많은 에너지를 공급받는 집에서 제대로 휴식을 취하지 못하고 우울감과 스트레스를 받고 있다면 그 원인을 찾아보는 일이 중요하다. 정리되지 않고 억눌린 물건들 혹은 제 역할을 못 하는 공간들 속에서 취미 생활은커녕 편하게 쉬지도 못하는 건 아닌지, 그렇게 나쁜 감정들이 누적되어온 것은 아닌지 집과 감정의 연관성을 점검해보아도 좋겠다.

사진은 컨설팅을 의뢰한 한 고객의 집 안 모습이다. 이렇게 사는 모습이 사실 특별한 것이 아니다. 일상을 살아가는 다른 평범한 집들과 크게 다를 바가 없다. 옷장에는 찾아 입기도 힘들 만큼 옷가지들이 산더미로 쌓여 있고 식탁 위에는 제대로 밥을 먹지도 못할 만큼 물건들이 가득 올려져 있으며 각 방마다 세간살이가 넘쳐서 정작 사용할 수 있는 공간은 거실뿐인 현실. 그런 집이 여러 가지 이유로 정리하지 못하는 사람들의 흔한 모습이다. 사람이 주인이 되지 못하고 내 공간을 침범한 물건을 끌어안고 살아가는 것이 정말 어쩔 수 없는 일일까?

세 자녀를 키우는 어느 평범한 주부의 집을 정리해준 적이 있다. 자녀 셋과 부부가 다른 일반 가정과 다를 바 없이 의식주 삶을 영위하며 사는 가족이었다. 그러나 처음 집 안에 들어섰을 때 마치 이사를 막 마친 집인가 싶을 정도로 모든 물건이 거실 밖으로 나와 있었다. 방 세 개짜리 서른 평 남짓한 빌라였으니 집이 좁은 것도 아니었다. 그중에서도 가장 눈에 띄는 것은 옷가지였다. 각 방마다 옷장이 있는데도 옷들이 왜 거실에 쌓여져 있을까 의문이었다. 자세히 보니 그 이유를 알 수 있었다. 세탁기를 돌려도 건조하기 위해 빨래를 널 만한 공간이 없었다. 베란다에는 이미 어떤 물건인지 알 수 없는 많은 물건들로 가득했기에 빨래 건조대를 거실에 놓아두고 빨래를 말리는 공간으로 사용하고 있었던 것

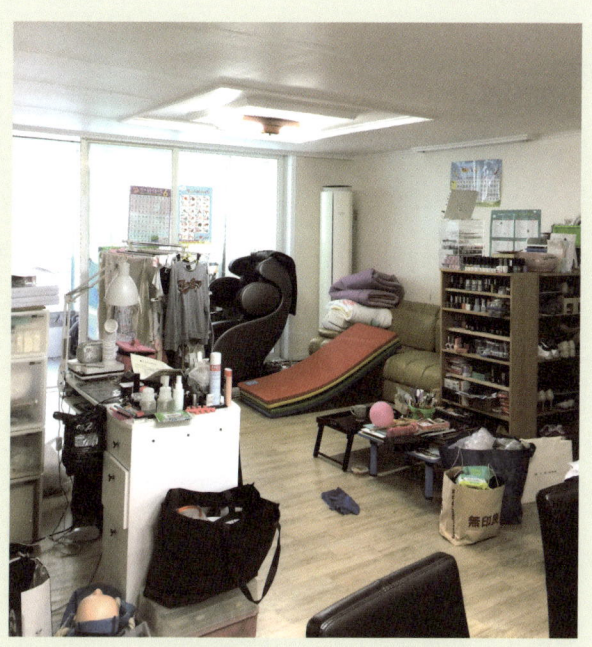

물건으로 가득한 거실

건조가 다 된 옷들이 각 방으로 수납되지 못하고
그냥 거실에 쌓여 있는 채로 가족들이 필요할 때마다
옷을 찾아 입고 나가는 생활을 하고 있었다.

이다. 건조가 다 된 옷들은 각 방으로 수납되지 못하고 그냥 거실에 쌓여 있는 채로 가족들이 필요할 때마다 옷을 찾아 입고 나가는 생활을 하고 있었다.

이렇게 정리가 안 된 상태로 사는 가정을 수없이 방문하지만, 그때마다 매번 가슴을 쓸어내린다. 아이들이 자연스럽게 아무데서나 물건을 찾아 사용하는 생활 패턴에 익숙해져 있고 이런 환경 속에서 태연하게 일상생활을 하고 있기 때문이다. 그렇지만 정작 제대로 앉아 쉴 공간도 없이 지내는 것이 안타깝다. 아이들 어머니는 정리를 손에서 놓고 지낸 지 꽤 되었다고 했다. 그러다 대학 입학을 앞둔 자녀들에게 좋은 환경을 만들어주고 싶었고 새 출발을 응원하기 위해서 새로운 공간이 필요해졌던 것이다.

아이들이 어렸을 때부터 부부는 줄곧 한 일터에서 함께 일해왔다고 한다. 그러다 보니 아내는 집안일과 일을 병행하지 못하고 살림을 놓아버리게 되었다. 남편도 그런 생활 패턴을 이해했다고 한다. 참으로 고상하고 순해 보였던 아내분은 정리하는 내내 웃음을 잃지 않았다. 점심시간이 되어 함께 식사하는 자리를 가졌는데, 정리를 하지 못하게 된 이유에 대해서 아내가 먼저 이야기를 꺼냈다. 그런데 줄곧 친절하고 씩씩해 보였던 그녀는 지난 시간을 어떻게 살아왔는지 털어놓으며 못내 숨겨왔던 감정을 드러냈다.

오랫동안 부부가 함께 일하면서 남편은 모든 일에 시종일관 간섭했다고 한다. 늘 가슴은 돌덩이가 누르듯 답답했다. 아이 셋을 키우기에도 벅찼고 혼자만의 시간을 가질 여유도 없이 정작 본인이 왜 이렇게 힘든지도 몰랐다. 힘들다고 느끼면서도 누구에게도 표현하지 못했다고 한다. 억눌린 감정을 참으면서 괴로운 마음이 들어도 이제껏 견디며 살았다는 것이다. 그래서 무책임할지 몰라도 살림만큼은 애써 회피하고 싶었다. 정리도 살림도 다 포기해버린 것이다. 지금 이 가정에 쌓여 있는 짐들, 엉망진창이 된 살림들이 아내의 심리적 상태, 내면의 고통을 대변하고 있었음을 알 수 있었다.

그래도 그 당시는 지금만큼 심하게 우울하지는 않았다고 한다. 점점 쌓여가는 물건과 엉망이 되어가는 집을 보면서 걷잡을 수 없이 우울해지고 해결이 안 되는 답답함을 호소하게 되었다. 아들의 대학입시를 계기로 집이 정리되면 가슴을 짓누르는 돌덩이가 같이 사라지지 않을까 기대했다고 한다. 악순환의 연속이 바로 이런 현상이다. 우울증은 무기력함은 물론 육체적 통증도 동반하기 때문에 집안일은 다시 과중한 심리적 부담으로 이어진다. 게다가 우울감은 에너지를 내는 데 큰 방해 요소가 되기 때문에 물건을 정리하는 손의 움직임조차 감당이 안 되니 짐들이 쌓여가고 그 짐에 결국 다시 억눌리게 되어 우울감이 계속 집 안에 맴돌게 되는 것이다.

　모든 정리를 마치고 나서 아내 분은 기대한 것처럼 가슴이 뻥 뚫리는 것 같다고 했다. 정말 잘한 일이고 물건을 비워낼 때마다 가슴을 누르던 돌덩이들을 하나씩 비우는 것 같았다고 한다. 더 이상 혼자 감당하기 어렵다고 느낀다면 이렇듯 누군가에게 도움을 요청해야 한다. 실질적으로 쓰레기 더미처럼 쌓여 있던 물건들이 사라지니 눈과 마음에서 후련함을 느끼지 않을 수 없을 터다.

　몇 개월이 흐른 뒤, 아내 분에게 연락을 취해보았다. 마음의 짐을 내려놓았다고 했던 그 상태를 잘 유지하고 있는지 궁금했다. 그녀는 꽤 즐거운 목소리로 본인은 여전히 몸이 힘들어서 정리를 잘 하지 못하지만, 집 안 상태는 여전히 잘 유지되는 중이라고 했다. 집을 정리하고 나서 우울했던 얼굴이 밝은 얼굴로 바뀌자 남편과 자녀들이 이 상태를 유지하고 싶다며 각자 알아서 정리정돈하고 물건을 최대한 제자리에 두려고 노력한다는 것이다. 가족들의 태도와 달라진 가족 분위기가 좋았는지 아내분은 통화 내내 고맙다는 말을 몇 번이고 반복했다. 수화기 너머로 들리는 목소리만으로도 확 바뀐 집 환경이 우울감을 감소시켜주었음을 증명해주고 있었다.

심리학자들은 무의식 세계로부터 내면의 갈등과 트라우마가 발생할 수 있고, 이런 심리 상태가 원인이 되어 우울감을 불러올 수 있다고 말한다. 정신적인 것도 중요한 원인이 된다는 뜻이다. 그렇다면 공간이라는 환경 요인으로 발생하는 우울감은 어느 수준일까? 그리고 공간을 통해 좋은 기운과 건강한 정신을 유지할 수 있다는 사실을 증명할 수 있을까?

미국의 환경심리학자 로저 울리히$^{Roger\ Ulrich}$는 한 가지 흥미로운 실험을 시작했다. 그는 1971년 펜실베이니아주 교외의 한 병원에서 담낭 제거 수술을 받은 환자들을 대상으로 1982년까지 10년간 창가 쪽 환자 46명을 관찰했다. 23명의 침상에서는 창밖으로 작은 숲이 내다보였고, 나머지 23명의 창밖에는 벽돌담이 들어서 있었다. 울리히는 심장박동, 심전도, 혈압, 체온, 투약량, 진통제 종류, 입원 기간과 같은 여러 건강 지표를 조사했다. 그랬더니 숲 쪽 환자들이 평균 24시간 먼저 퇴원했다는 연구 결과가 나왔다. 이들은 진통제도 덜 먹었다. 울리히는 1984년 '병실 창으로 자연 풍경이 보일 때 환자들은 더 빨리 회복되었다'는 내용의 실험 결과를 「사이언스지」에 발표했다.

사람은 아름답고 쾌적한 환경이 뒷받침되어야 건강한 심리 상태를 유지할 수 있다. 또 건강한 정신은 건강한 육체를 만든다는 결과도 우리가 깊이 주목해봐야 할 점이다.

흐트러진 물건을 보고 느끼는 감정의 차이

> 당신의 삶을 물건이 아닌 경험으로 가득 채워라. 그리고 보여줄 수 있는 물건이 아닌 얘기할 수 있는 이야기를 가져라.
> _작가미상

차곡차곡, 반듯반듯. 이 두 단어는 우리 집을 본 주변 사람들이 자주 떠올리는 단어다.

첫 장에서 이야기했듯이 나는 아버지로부터 물려받은 유전자 덕분에 집 안을 치우고 정리하는 것에 매우 익숙해져 있다. 그래서 무엇이든 바로 잡아야 한다. 특히 물건의 자리를 바로 잡기 좋아한다. 직장일을 하는 내가 어떻게 집을 그렇게 정리하고 살 수 있느냐고 질문도 많이 받는다. 아이들도 아직 어린데 누군가 살림을 도와주는 조력자가 있는 건 아닌가 하고 의심의 눈초리도 받는다. 하지만 내가 정해놓은 정리 규칙이 있기에 다른 사람의 도움을 받는 일이 쉽지 않다. 모든 집안일은 직접 하고 있다.

저자의 집 다용도실

차곡차곡, 반듯반듯. 이 두 단어는 우리 집을 본
주변 사람들이 자주 떠올리는 단어다.

고객 집을 컨설팅하고 오는 날은 상당히 피곤한 날이다. 그런데 그날은 꼭 집 정리를 한다. 피곤해 죽겠는데도 그럴수록 다른 날보다 더 열심히 청소하고 정리한다. 어쩐지 다음 날 해도 될 정리를 그날 마무리하면 왠지 모를 완전함을 느끼기 때문이다. 이것이 심리적 강박인 줄 알았던 나는 가깝게 지내는 전문가들과 이에 대해 이야기를 나눠보았다. 그랬더니 본인들도 마찬가지라면서 함께 웃었던 기억이 있다. 이런 아이러니는 생각해보면 당연한 일이었다. 정리된 고객 집을 마지막으로 보고 온 날이면 내 방에 흐트러진 물건들이 더욱 눈에 잘 띈다. 또 정리한 후 느끼는 편안함과 안도감이 도리어 휴식이 되기 때문에 그 감정의 경험에서 이와 같은 습관이 생기게 된 것이다.

우리 집에는 어린 자녀가 있기 때문에 당연히 하루에도 수십 번씩 폭탄 같은 집 상태를 반복한다. 물론 일일이 따라다니며 흐트러진 방을 정리하지 못할 때도 있지만, 아이들 놀이 공간은 자유롭게 두려는 의도적 생각으로 어느 정도 내려놓는다. 하지만 거실과 주방, 그 외 다른 공간만큼은 미루지 않고 정리하는 습관을 들였다. 어떨 때는 늦은 밤이 넘어서도 정리를 다 마치고 잠을 청하곤 한다. 정신적 예민함 즉, 결벽증이 아닐까 생각하는 사람들이 있을지 모르겠다. 그런데 반듯한 정리를 좋아하는 것이지 그렇게 깨끗함을 추구하는 사람은 아닌 것 같다. 내 차 안은 늘 아이들이 흘린 과자 부스러기와 쓰레기가 널려 있고 거실에 놓아둔 화초 잎에 먼지가 뽀얗게 앉아 있는 걸 놓칠 때도 많다. 그렇더라도 전혀 마음이 불편하거나 하지 않는다. 그러니 분명 결벽증은 아니다. 그러나 흐트러진 물건을 보면 마음이 불편하다. 물건들을 가지런히 놓으면 마음이 정돈되고 편안하다. 하물며 하루의 피로를 풀어내는 과정으로 느껴질 때도 많다.

늦은 나이에 남편을 만나 결혼했는데, 결혼 후 세상에는 아버지 같은 남자만 있는 줄 알았다가 놀라지 않을 수 없었다. 여기저기 흐트러진 옷이 널려 있는 낯선 풍경을 마주했다. 전날 남편이 언제 무엇을 먹었는지 직접 보지 않고도 다 알 수 있을 정도였다. 남편은 정리하는 습관이 전혀 없었다. 물건이 흩어져 있어도 그것이 아무렇지 않다고 했다. 그러나 반대로 남편은 참 깔끔하다. 정리만 안 할 뿐 잘 닦고 잘 씻고 설거지는 광이 나게 잘한다. 정리는 하지 않지만 위생적이라는 사실이 너무 재밌지 않는가.

여기서 주목해볼 만한 사실 하나는 흐트러진 물건을 보고 느끼는 감정은 사람마다 매우 큰 차이를 보인다는 점이다. 나는 정리되지 않은 물건이 불편한데 남편은 불편하지 않다. 그렇다면 정리된 물건을 보고 편안함을 느끼는 것은 어쩌면 경험에서 오는 감정일 수 있다. 정리컨설팅 현장에서 느끼고 왔던 쾌적한 감정이 늦은 밤까지 집 정리를 하도록 유도하는 경험으로 인식되듯이, 정리된 환경에서 느끼는 감정은 반복적으로 경험하고 싶은 것이다. 아마도 정돈된 물건을 보면서 느끼는 감정은 경험의 축적에서부터 느껴지는 희열이라는 생각이다.

남편은 결혼 후 항상 잘 정리된 양말과 옷 그리고 신발장을 보면서 반듯한 물건 상태를 보는 것이 즐거움과 안도감을 준다는 사실을 알게 되었다고 한다. 그리고 언제부터인가 일이 잘 안 풀리거나 스트레스가 많으면 책상을 정리하는 습관이 생겼다. 자신이 좋아하는 카메라나 부품 등을 만지면서 그 과정에서 물건과 함께 생각을 정리하고 불편한 마음 상태를 가다듬는다는 것이다.

그렇다면 여기서 정리하는 과정이 마음의 위로가 되는 요인은 무엇인지 살펴보았으면 한다. 나 역시 남편의 말처럼 힘든 일이 생기거나 스트레스가 많은 날에는 주저 않고 집 구조를 바꾸고 정돈한다. 이러한 행위로 육체가 움직이는 동안 마음과 생각 안의 복잡한 일들은 하나씩 물건과 함께 정리되면서 혼란을 잠재우고 때론 말끔히 비워진다. 특히 물건을 비워내는 과정에서 도리어 기쁨으로 가득 채워지기도 한다.

물론 흩어진 물건들 속에서도 아무런 불편함을 느끼지 못하는 사람도 있다. 앞서 남편 사례를 보았듯 그것은 정돈된 물건 상태에서 느끼는 감정을 경험하지 못했기 때문일 가능성이 높다. 인간은 누구나 본능적으로 건강하고 위생적이고 편안한 공간을 추구한다. 하지만 정리를 어렵고 힘든 능력 밖의 일이라고 인지하면서 그러한 본능을 상실하게 된 것이다.

정리컨설팅을 의뢰한 고객들은 정리를 마치면 "이렇게 좋은 걸 진작 할 걸 그랬어요."라고 이야기하곤 한다. 정리는 대부분 단 하루 만에 이루어진다. 아주 거대한 규모의 컨설팅을 제외하고는 단 하루 만에 몇십 년 동안 본능을 상실한 채 쌓아온 짐들을 전문가와 함께 단숨에 정리하는 것이다. 이 과정을 거치면 이제 새로운 공간에서 느끼는 신선한 감정을 경험하게 된다. 그래서 그때의 기분 좋은 감정을 다시 경험하고 싶어지므로 스스로, 때로는 전문가의 손길을 빌려서라도 반복적으로 정리하게 되는 것이다.

흐트러진 물건을 보면서 느꼈던 각자의 감정을 생각해 보자. 만약 언젠가 경험했던 정리의 좋은 감정이 있었다면, 당시의 감정을 다시 상기시켜서 정리를 시작하는 것도 좋겠다. 하지만 한 번도 느껴보지 못한 감정이라면 그것이 어떤 것인지 느껴볼 만하다. 꽤 기분 좋은 감정일 것이라 자신 있게 말할 수 있다.

정리를 할까?
시킬까?

> 한 장의 방치된 깨진 유리창은 아무도 신경 쓰지 않는다는 신호이며, 따라서 유리창을 더 깨는 것에 대해 아무런 부담이 없다.
>
> _필립 짐바르도

행동 유도성Affordance이란?

미국 심리학자 J.J 깁슨James Jerome Gibson에 따르면 물건의 형태가 인간의 행동을 유도한다고 한다. 무릎 높이의 평면이 있으면 앉고 싶어지고(어디에도 '벤치'라고 쓰여 있지 않는데도 말이다), 튀어 나온 부분이 있으면 누르고 싶어진다. 쓰레기통에 동그란 구멍이 있으면 원통형 캔이나 페트병을 넣고 싶어지고(재활용 정신이 투철하지 않아도) 문손잡이가 문고리 형태라면 무심코 잡아당기게 된다(이 경우 '미세요'라고 쓰여 있는데도 잡아당긴다).

빈 컵을 식탁 위에 올려놓은 후 몇 시간이 지나면 우리 집 가족들은 마시던 컵을 빈 컵 옆에 올려놓기 시작한다. 의식적으로 엄마가 식탁에 올려놓은 컵을 보면서 당연하게 따라하는 것이다. 나는 최대한 사용한 물건을 흐트러지지 않게 제자리에 두려고 노력한다. 이러한 행동은 내가 부지런한 사람이어서가 아니다. 오히려 게으르다. 단지 물건이 자리를 찾지 못할 때 따라하는 가족들 물건까지 정리하기가 번거롭고 귀찮기 때문이다. 이런 식으로 먼저 솔선수범하면서 가족이 같은 행동을 해주기를 바라는 방법은 다그치는 것보다 속도는 느리지만 오히려 스스로 하게끔 유도하므로 오랫동안 굳어질 습관이 되어 더 좋은 결과를 낳는다. 부모의 습관은 누가 가르쳐주지 않아도 자연스럽게 자녀들이 습득한다. 성인이 되면 단단히 굳어버려서 고치기 힘든 습관들도 많다는 것을 잘 알고 있을 것이다.

누구나 가족이 알아서 잘 정리하기를 바란다. 특히 자녀가 스스로 할 수 있기를 바라는 마음은 부모라면 모두 같을 것이다. 성공이라는 명성을 가진 여러 인물을 보면 정리하는 습관이 좋은 성과로 이어져 자신의 삶을 설계해나가는 데 힘이 되었다는 인터뷰를 종종 접할 수 있다. 그래서 은연중에 자녀가 내심 정리하는 습관이 잘 길들여지기를 바라는지도 모르겠다. 하지만 내 맘 같지 않은 자녀를 키우는 부모라면 정리 습관을 길들이는 과정에서 우아함을 유지하기란 여간 쉬운 일이 아니다. 좀 과한 표현을 쓰자면 '쓰레기통 같은 방'을 날마다 정리하지 않고 방치하는 자녀들에게 우아하게 미소를 띠워줄 수 있는 엄마가 몇이나 있단 말인가. 만약 그런 엄마가 있다면 존경을 표하는 바이다. 몇 번이고 소리를 지르고 정리를 강압적으로 요구해도 가족들은 왜 말을 듣지 않는 것일까? 깊은 고민에 빠지게 한다.

나는 아이들에게 정리를 잘하면 스티커를 주고 칭찬해 주고 상을 주는 방식으로 습관을 길들였다. 이런 행동주의적 방식이 그다지 옳은 것이 아니란 걸 잘 알면서도 그렇게 했다. 그렇게 해서라도 정리 습관을 심어주고 싶었다. 이런 행동주의적 방식을 반복하다가 어느 날은 정리를 놀이처럼 만들어도 보았고 여러 가지 방법으로 아이들에게 정리를 하도록 가르쳤다. 초등학생이 된 큰아이는 줄곧 자신의 생각을 엄마와 나누기도 하고 감정을 조심스럽게 드러내기도 한다. 그런데 엄마가 강요하는 정리 방식은 영 마음에 들지 않는 눈치다. 이제는 엄마가 주는 스티커 따위 받고 싶지 않기도 할 것이다.

그렇다면 이런 행동 방식이 아이들에게 잘 먹혔을까? 우리 아이들은 항상 신발을 가지런히 놓는 습관이 있다. 그리고 무엇을 하든지 색깔을 맞춰서 놓으려고 한다. 단 한 번도 스티커 따위를 주면서 강요한 행동이 아니었다. 그런데도 매번 신발을 가지런히 놓고 알려주지 않아도 물건을 색상별로 정렬한다. 이런 습관은 신발을 줄 맞춰 놓기 좋아하는 엄마의 모습을 따라 배운 것 같다. 옷장을 열 때마다 엄마가 색상별로 가지런히 정렬해둔 옷들을 보았기 때문이기도 할 테다.

내가 속한 컨설팅 회사 전문가 중 한 분이 어느 날 메시지와 함께 사진을 보내왔다.

"하루는 방에 들어갔더니 이렇게 장난감을 색상에 맞춰서 정리한 거예요. 너무 기특하죠. 한 번도 정리하라고 한 적이 없는데 말이죠."

이 전문가의 자녀 역시 우리 집 아이들과 마찬가지로 엄마의 습관을 보고 스스로 습득하게 된 습관인 것이다.

본인의 생각과 같은 방식으로 상대가 해주기를 원하는 것은 일방적인 요청에 의해서는 잘 안 되는 일이다. 오히려 상대가 그 일을 더 멀리하고 싶어질지도 모른다.

정리는 어포던스 효과를 기대하면서 나로부터 시작하는 것이다. 우리는 인생을 살면서 평생 정리를 해야 한다. 나이가 들면서 버려야 할 물건들이 있고, 결혼하면서 새 살림을 채워야 할 때가 올 것이고, 가족을 잃었을 때 그들의 물건을 추려야 할 날도 올 것이며 심신을 괴롭히는 사람들을 마음에서 떠나보내야 할 순간도 찾아올 것이다. 이렇게 평생 정리를 하면서 살아야 한다면 조금 느린 호흡으로 가보자. 당장 '너'

아이가 엄마의 습관을 따라 스스로 정리한 장난감들

"하루는 방에 들어갔더니 이렇게 장난감을 색상에 맞춰서 정리한 거예요. 너무 기특하죠. 한 번도 정리하라고 한 적이 없는데 말이죠."

가 정리를 하라고 말하기보다 '나'부터 시작하는 느린 정리 말이다. 그러면 조금씩 천천히 가족들이 물들어가는 정리 습관으로 자리 잡을 것이다.

어떻게 정리를 시작할 것인가? 아이가 있을수록, 가족 수가 많을수록 더욱 심플하게 정리하자. 가족 수가 많으면 그만큼 공간이 필요하다. 각자의 삶을 영위하고 쉴 곳이 필요하기 때문이다. 그런데 아이러니하게도 가족 구성원이 많을수록 공간은 더 비좁아지고 결국 제 기능을 하지 못한 방들로 정착된다. 짐으로 공간이 가득 차 있으니 그동안 우리는 내 집을 가족이 아닌 물건을 위해 내주고 있었던 것이다.

집이 크고 작고는 중요하지 않다. 다만 집이, 방이, 공간이 제 기능을 하고 있느냐가 중요하다. 목적을 상실한 채 아이들 놀이 공간은 장난감의 방이 되고, 서재는 책과 서류의 방이 되어 정작 앉아서 책을 읽지도 못한다면, 그리고 주방은 소형가전으로 가득해서 채소 손질할 자리도 없다면 공간은 주인이 아닌 물건에게 내줘 버린 것이다. 사람이 사용해야 할 공간을 물건에게 다 빼앗겼다고 생각한다면 가족들과 함께 다시 자리를 찾아가 보자.

공간의 기능을 찾아주는 방법
- 각 방의 용도, 가족의 사용 목적을 정한다.

- 각 방의 필요한 가구와 물건들을 선별하고 각 방의 목적에 맞게 각 방으로 이동한다.
- 가족이 방에서 해야 할 일을 파악하고 동선을 고려하여 가구를 배치한다.
- 이때 창문을 가리거나 입구에 답답한 가구를 배치하지 않는다.
- 용도에 맞게 동선에 맞게 물건의 자리를 만들어 수납한다.

정리를 가족과 함께 유지하는 습관
- 물건의 집을 만들어 준다.
- 누구나 넣고 꺼낼 수 있는 자리를 만들어 준다.
- 물건은 종류별로 반드시 분류한다.
- 정리를 하되 물건이 다 보이도록 수납하는 방식으로 한다.
- 물건의 이름표를 달아준다.
- 잘 넣는 것이 아니라 꼭 넣는 습관을 갖자(각이 잡히지 않더라도 자리에 넣기만 하자).

배우자와 심리적으로 가까워지는 공간

> 부부 생활은 길고 긴 대화 같은 것이다. 결혼 생활에서는 다른 모든 것은 변화해가지만 함께 있는 시간의 대부분은 대화에 속하는 것이다.
> _니체

늦은 저녁 따뜻한 불빛이 비추는 식탁에서 남편과 무알코올 맥주를 한잔하며 도란도란 이야기 나누는 시간을 좋아한다. 술을 잘 마시지 못하지만, 이상하게도 남편과는 왠지 시원한 맥주 한잔을 마시면서 속 이야기를 나누고 싶어진다. 그래서 종종 무알코올 맥주를 들고는 괜스레 분위기를 잡아보곤 한다. 남편도 이런 시간을 좋아한다. 내가 직접 디자인해서 완성한 우리 집 인테리어를 참 좋아해준다. 특히 널찍한 식탁 테이블 위에 장식한 단정한 램프를 매번 좋다고 이야기 한다. 그렇게 특별하지도 않은 식탁등과 테이블을 왜 좋아하는 걸까? 그건 아마도 근사한 테이블이라고 느껴서가 아닌 서로 마주하며 대화할 수 있는 공간에서의 소중한 가치를 느끼고 있기 때문일 것이다.

    늦은 결혼을 했고 출산도 늦었다. 올드미스 나이에 결혼했으니 꽤 성숙한 결혼생활을 할 수 있을 것이라 자신했다. 하지만 예상과 달리 예측 불허의 일들이 곳곳에 도사리고 있었다. 결혼이라는 건 난생처음 걸어보는 구불구불한 길이라는 것을 깨닫게 될 때쯤 10년차가 되었다. 남편도 마찬가지였을 것이다. 남편 역시 예상보다 커다란 책임이라는 무거운 짐 때문에 힘들었던 것 같다. 우리 둘은 서로를 맞춰가는 시간이 많이 필요했다.

    신혼살림을 34평형 주상복합 아파트에서 시작했는데 거실을 가로지르는 복도가 길게 있는 특이한 구조였다. 첫째 아이가 복도를 따라 보행기를 타고 질주했던 기억이 생생하다. 첫 살림집을 레트로한 가구와 빈티지한 소품으로 나름 열심히 가꾸었다. 창의적인 구조의 공간 만들기를 좋아했기에 무척이나 공을 들였다. 하지만 그 집에서 남편과 함께 추억으로 떠올릴 만한 기억은 많지 않다. 남편은 결혼 후 무척 바빴고 집에서 보내는 시간이 점점 줄어들었다. 그러다 보니 아이를 가진 후 태교하며 지냈던 시간과 태어난 아이를 위한 공간으로 꾸미느라 바빴던 기억만 남았다. 아이를 위해 빈티지한 신혼 가구를 하나씩 비우고 점차 알록달록한 가구들로 채우게 되면서 내가 좋아하는 공간은 큰 창으로 낮은 주택들 풍경이 보이던 자리 하나가 다였다.

두 번째 집은 2층에 다락방이 있는 작은 복층형 빌라였다. 규격화된 흔한 구조보다 평범함을 탈피한 개성 있는 집이었으면 했다. 이곳에서는 2층 전체를 아이 놀이방 겸 같이 잠을 자고 함께 많은 시간을 보내는 방으로 사용했다. 아래층은 당연히 부부 방을 두었다. 나는 이 집을 참 좋아했다. 다행히 우리 아이도 좋아했다. 그러나 남편과 함께한 추억의 공간은 역시 만들지 못했다. 부부 방이 있었지만 아이 방에서 주로 생활했었고, 육아가 삶의 가장 많은 시간을 차지했던 시기였으니 부부와 단둘만의 추억의 공간을 가질 여유도 없었던 것이다.

지금 살고 있는 세 번째 집은 구조가 특이하지 않은 평범한 아파트로 정했다. 그 이유는 규격화된 구조의 아파트를 마음껏 인테리어해서 특별하게 만들어보고 싶어서였다. 지어진 지 20년이 넘은 오래된 아파트를 사서 기둥만 남기고 모두 철거했다. 전형적인 아파트 구조를 탈피하기 위해 이런저런 독특한 설계로 디자인했다. 아이 놀이방에 붙은 베란다에 지난 집 추억을 대신하기 위해 계단을 넣고 단상을 만든 다음 문을 없앴다. 그리고 큰방 옆에 달린 작은 방 문을 모두 없애고 미로 같은 가벽을 세웠다. 안방도 마찬가지로 가벽을 이용해 방을 분리했다. 공간을 창의적으로 바꾸는 걸 재밌어하는 내가 할 수 있는 만큼 최대한으로 구조를 변경했다.

특히 아이들 공간을 우선시했던 이전 생활 방식을 깨고 손님들을 초대했을 때 카페를 대신하는 자리로 사용할 수 있도록 좋아하는 식탁을 주방과 분리해서 놓는 등 다이닝 공간에 특별히 신경을 썼다. 그래서일까, 이 집에서는 앞서 두 집에서보다 남편과 둘이 마주하는 시간이 훨씬 많아졌다. 식탁에 앉아 이야기하는 시간이 늘었고, 그러면서 이 다이닝 공간을 아주 좋아하게 되어 자주 시간을 보내곤 한다. 생각해보면 지나온 두 집은 아이들을 위한 공간은 애써 만들었지만 부부가 앉아 휴식하며 대화로 가까워질 수 있는 공간은 고려하지 못했기 때문에 함께할 시간이 없었던 건 당연한 일이었다. 공간이 있어야 사람이 머문다. 사람이 머물러야 심리적으로 가까워진다. 가장 가까운 듯하지만 심리적으로 가까워지지 못하는 부부라면 시간의 부족함보다 어쩌면 공간의 부재에서 오는 것일지 모른다. 부부는 물리적으로 가장 가까운 인간관계지만, 서로 소통하지 않으면 가까운 물리적 거리에 비해 심리적으로 가장 먼 사람이 될 수 있다.

여러 집을 컨설팅하다 보면 가정마다 중요하게 여기는 공간이 있다. 그런 공간의 특별함을 더욱 극대화하고자 요청이 오기도 한다. 특히 아이를 위한 공간에 신경 쓰는 고객이 많다. 아이들을 위한 놀이 공간, 독서 공간, 남편의 서재 공간, 드레스룸 등. 그런데 이상하게도 부부를 위한 공간을 특별히 구성해주고 정리해달라고 요구하는 사람은 별로 없다. 그 이유는 일반적으로 안방을 부부의 공간이라고 여기는 경우가 많아서 더 이상 필요가 없다고 생각하기 때문이다. 하물며 요즘은 각방을 사용하는 부부가 많아지고 있어서 더욱이 함께하는 공간은 필요가 없어져 버렸다. 물론 가정마다 이유가 있는 선택인 것이고 필요에 따라 그래야 할 사정이 있는 것이므로 그저 각방을 잘 정리해드리면 된다. 그렇다고 부부 관계가 좋고 나쁘다 기준은 아니므로 그들 부부 관계까지는 알 수 없다.

하지만 만약 배우자와 심리적으로 가까워지고 싶다면 그러기 위해 필요한 공간을 만들어야 한다. 이는 없는 방 하나를 만들어내야 하는 어려운 문제가 아니다. 배우자와 마주하고 소통할 수 있는 작은 공간, 작은 테이블만 있어도 좋다. 의도적으로 만들어진 둘만의 자리는 심리적으로 가까워지는 시간을 만들어줄 중요한 공간이 될 것이다. 부부 사이에 대화와 소통이 필요할 때 우리 집에 그 작은 공간조차도 마련되어 있지 않다면 공간이 가져야 할 중요한 본질을 놓치고 있는 것이다.

공간은 제 기능을 해야 한다. 집에서 '따로 또 같이'라는 기능을 잊지 말자. 가족이기에 함께할 수 있는 공간과 가깝지만 각자의 역할을 위해 제 기능을 해야 할 공간을 잘 분리하면 크기에 상관없이 집은 훌륭하게 제 역할을 할 것이다. 배우자와 심리적으로 가까워지는 그곳을 어디에 만들지 지금 한번 둘러보자. 물건으로 빼앗긴 공간이 있다면 배우자와 만들어갈 소중한 시간을 빼앗긴 것이다. 아이들 장난감이 거실까지 침범해서 더 이상 앉을 틈도 없다면, 아이들 방부터 정리하자. 알록달록한 아이들 물건이 거실까지 침범하지 않도록 장난감 자리를 분명하게 정해 놓아주고 거실은 부부가 앉아서 쉴 수 있는 공간으로 사용해보자. 생각보다 집 안에 아이들과의 시간 외 배우자와 가까워질 수 있는 공간이 곳곳에 숨어 있을 것이다. 배우자와의 건강한 소통은 자녀는 물론 모든 가족에게 영향을 끼친다. 배우자와의 심리적 거리를 가깝게 하는 공간에서 많은 소통의 시간을 갖기 바란다.

집순이가 집 밖을 안 나오는 이유

> 수많은 사람이 눈앞에 펼쳐진 자기 몫의 행복을 놓치면서 살아가고 있다. 그것을 찾지 못해서가 아니라 그것을 즐길 줄 모르기 때문이다.
> _W. 페터

좋든 싫든 우리는 돌연 창궐한 코로나19로 팬데믹 시대를 맞닥뜨리고 집 안에 머물러야 했다. 그럴 수밖에 없는 시간이 길어지면서 누군가에게 집은 사무실이 되고 또는 취미 생활을 하는 공간이 되었으니 자연스레 공간에 대한 기대가 높아졌다. 그러면서 보이지 않던 나의 공간, 물건 그리고 가족들이 보이기 시작했다. 예전엔 집에 물건이 산더미로 쌓여 있었어도 집 밖을 나가버리면 그만이지 않았는가. 그런데 이제 그럴 수 없는 시간이 늘어났으니 누구나 집순이가 되어야 하는 웃지 못할 시대를 맞이하게 된 것이다.

사람은 각자 다른 성향을 가지고 태어난다. '내성적이다, 외향적이다. 사람 만나기를 좋아한다, 싫어한다. 빠른 일처리를 좋아한다, 천천히 탐색하며 일하기를 좋아한다' 등등. 수없이 다른 성향의 사람들 중에서 집에서 머무는 시간을 좋아하는 사람도 있고 집 밖에서 시간 보내기를 좋아하는 사람도 있다. 그렇다면 흔히 말하는 집순이들은 왜 집순이가 되기로 했을까? 그저 태어날 때부터 가진 성향일까?

SNS가 탄생한 이후 폭풍과 같이 유행하면서 자신의 모습을 드러내며 사람들과 소통하는 대표적인 수단이 되었다. 그중 자신의 집을 근사하게 찍어 올려놓고 사람들과 소통하는 이들이 많다. 그 집은 수많은 '좋아요'를 받으며 선망의 대상이 되기도 하고 종종 사업 수단이 되기도 한다. 주거에 대한 가치를 크게 두는 사람일수록 집을 사랑하는 사람일 것이고 그렇기에 집을 아끼고 가꾸어갈 가능성이 높다.

집순이들은 무엇이 그렇게 즐거울까? 예쁜 집을 보여주며 인플루언서로 활동하는 유명한 주부가 있다. 어떻게 그렇게 살림을 잘할 수 있는지 게다가 어찌나 사진을 잘 찍는지 그 집 사진을 보는 것만으로도 대리만족과 힐링이 된다. 이 인플루언서는 자신이 원래 집순이라고 자주 글을 올리는 것을 보았다. 거의 모든 시간을 집 안에서 보내고 외출을 해도 빨리 집에 들어오고 싶다고 한다. 집이 그렇게 예쁜데 당연히 그럴 만도 하겠다는 생각이 들었다. 그렇다고 해서 집순이 집이 다 그렇게 예쁘고 근사한 모습만은 아닐 것이다.

행복한 집순이와 불가피한 집순이가 있다. 종일 외부와 단절하고 웅크려 지내는 히키꼬모리(은둔형 외톨이)도 자기 방이 가장 편할 것이고, 외출을 두려워하는 독거노인도 자기 몸을 뉘일 만한 곳은 집밖에 없다. 이런 심리적 어려움에 있는 사람들도 과연 유명 인플루언서처럼 행복한 집순이라고 말할 수 있을까. 하지만 이렇게 집에 머무르는 시간이 많은 두 유형의 사람들에게도 공통점은 있다. 집은 이들에게 인생이고 전부다. 사회라는 공동체 속에 집을 선택해서 달팽이처럼 들어가 있는 집순이들. 누군가에게는 행복한 집으로 누군가에게는 내 몸을 숨기는 동굴이 되었다. 그러니 그들에게 집은 삶의 전부이지 않겠는가?

그렇다면 질문을 던져본다. "당신은 집에 있는 시간이 좋은가요?" 각양각색 답을 기대하지만, 사실 그렇지 않은 아이러니가 있다. 집은 좋든 싫든 무조건 있어야 하는 곳, 그래서 한 번도 집에 있는 시간이 좋은지조차 생각해보지 못했다고 하는 사람들이 많다는 사실이다. 다만 집에 있는 것이 유난히 좋은 집순이들이 편파적으로 있을 뿐이다.

강의할 때면 종종 남성들이 들으러 오곤 한다. 지난해 다문화 가족이 많이 분포되어 있는 지역의 한 교회에서 정리 테라피를 주제로 강의한 적이 있다. 그때 한 남성분이 인상 깊게 남아 있다. 그분의 아내는 베트남에서 한국으로 이주한 여성이었는데, 남편은 눈이 선하고 입가에 미소를 담고 있는 모습이 자상한 분인 것 같았다. 동네에서도 좋은 남편이라고 칭찬이 자자한 사람이라고 후에 어느 관계자에게 전해 들었다. 그런데 남편에게 "왜 이 강의를 들으러 오셨나요?"라고 물었더니 타국에서 나만 믿고 결혼을 결심한 아내를 사랑하고 행복한 결혼 생활 중이긴 하지만, 간혹 집에 들어가고 싶지 않은 순간이 있다는 것이다.

"집이 너무 지저분하고 늘 정리가 안 되어 있어서 집에 들어가는 발걸음이 무거울 때가 많아요. 들어가면 제가 정리도 하고 해야 하는데 몸이 힘드니 미루다 보면 계속 집이 엉망이 되는 거예요. 아내는 문화 차이가 있어서인지 정리를 아예 할 줄 모릅니다. 그리고 당연히 하지 않는 생활을 해요. 어떨 때는 며칠째 설거지가 쌓여 있을 때도 있어요. 그럴 땐 집을 다시 돌아 나오고 싶을 때도 있어요. 그래서 사실 이 강의를 아내가 들었으면 했지만 언어 문제도 있고 들어도 쉽게 바뀌지 않을 것 같아서 저라도 정리를 배워볼까 해서 왔습니다."

이렇게 대답하고는 멋쩍은 듯 빙그레 웃었다. 용기 내어 오신 이 남편분은 아내는 사랑했으나 집은 사랑하지 않고 있었던 것으로 보인다. 그리고 사랑하는 아내와 함께 머무르는 정리된 집을 꿈꾸는 남편이기도 했다.

이렇듯 남편이 집 정리를 배워보고 싶어 하는 예는 적지 않다. 위와 같은 사례처럼 집 정리를 못하는 아내를 대신해서 정리를 하고 싶다는 남편, 집에 들어가면 제대로 쉴 공간이 없을 때도 있다고 말하는 남편, 모두 아내가 못하면 나도 해야겠다고 마음먹은 용기 있는 남편들이다. 그렇다. 정리가 반드시 아내가 해야 할 몫은 아니지 않겠는가? 누구를 대신해서 정리를 배우는 것이 아니라 정리는 가족 모두가 함께 해야 한다. 그러니 남편이 정리를 배우러 온 일은 아주 칭찬할 만한 일이요, 반가운 일이다. 아내를 사랑하는 만큼 함께 머물러야 하는 집을 사랑하기 위해서는 남편도 정리를 배워야 한다. 그리고 함께 정리할 때 더욱 집에 대한 애정이 생기고 소중함을 깨닫게 된다. 집에 머무는 시간이 즐거운 집순이, 집돌이가 되기 위해 집을 사랑하는 것은 가족 단 한사람의 몫이 될 수 없다.

위에서 말한 바와 같이 이 특수한 심리적 장애로 인한 집순이가 아니라면 집에 머무는 것을 좋아하는 집순이는 집을 사랑하는 데서 원동력을 얻을 것이다. 집에서 무엇인가 행복하고 즐거운 힘을 얻는 원동력 없이 그렇게 집에 오랫동안 머물기는 쉽지 않는 일이라고 생각이 되기 때문이다. 그렇다면 집순이가 집을 사랑할 수 있는 이유, 집순이가 집을 나오기 싫어했던 이유는 분명히 그 안에서 느끼는 심리적 안정과 휴식이 있기 때문이다. 그 이유가 정돈된 물건들과 잘 배치된 가구에서 오는 시각적 즐거움이든지, 아니면 그 이상으로 멋진 인테리어와 근사한 분위기 때문인지 간에 집순이는 집을 사랑한다. 집을 사랑하는 집순이가 집에서 잘 살아가려면 집 안에서 에너지를 건강하게 사용하며 무엇인가 즐겁게 할 수 있는 생활의 요소들을 만들어야 한다. 집에서 즐기는 집순이들의 일상과 취미 생활, 건강한 라이프를 즐겁게 충분히 누릴 수 있도록 공간을 정리해보자.

집순이로 살기로 결정했다면 공간을 활용해서 즐겨라

- 창고로 죽어 있는 공간이 있다면 정리해서 갖고 싶었던 공간으로 살려라.
    - 재택근무 공간 / 취미 공간 / 게임을 즐기는 공간 / 독서 공간 / 그림을 그리는 공간
- 베란다에 문을 열 수 없을 정도로 물건이 가득 차 있다면 물건을 정리하고 운동 기구를 놓고 건강한 생활을 하자.
- 적어도 식탁 테이블에서 차 한잔 여유를 즐길 수 있도록 식탁 위를 정리하자.
- 하나의 공간을 분리하여 알파룸으로 사용하자.
    - 옷 방을 분리하여 취미 방으로 활용 / 침실을 분리하여 서재로 사용

집순이가 집 밖을 나오기 싫은 이유가 심리적 우울감과 사람들을 만나는 것에 예민해서가 아닌, 집에서도 충분히 건강하고 즐거운 시간을 보낼 수 있는 이유가 되기 위해 집을 최적의 공간으로 정리해보자.

정리하면 더 이상
아프지 않다

*출발하게 만드는 힘이 동기라면 계속
나아가게 하는 힘은 습관이다.*

_짐 라이언

정신과 진단에서 자주 등장하는 '신체화 somatization'라는 말이 있다. 이는 심리적 질환이 신체 증상으로 나타나는 것을 뜻하는데, '신체화 장애'란 의학적인 검사에서 정상 소견이 나왔음에도 신체적 고통을 호소하는 것을 말한다. 마음이 아프면 몸이 아프고 몸이 아프면 마음이 아픈 경험을 해 보았을 것이다. 심리적 고통을 받고 있는 사람들 대부분은 이런 고통을 호소하고는 하는데, 남이 알아주지도 않을 뿐 아니라 꾀병처럼 보는 경우가 있어서 이렇게 신체화를 경험하는 사람들은 깊은 고립감까지 느끼게 된다. 몸과 마음은 하나다. 복잡한 과학적 근거를 찾지 않아도 마음이 아프면 대개 몸도 아프다. 반대로 몸이 아프면 마음이 아프다고 말한다. 이런 신체화는 심리적인 요소들과 직결되어 있다.

한국인만의 특색으로 여기는 정신적 질병 '화병'의 증상을 보면 특히 잘 이해가 된다. 바로 신체적으로 통증을 먼저 느끼는 두통부터 가슴이 빨리 뛴다거나 답답하고 소화가 안 되며, 목과 가슴 쪽에 덩어리 같은 게 뭉쳐져 있다는 등 신체화 증상들이다. 전문의들은 우울감이 심할수록 신체 증상의 심각함이 나타나고 실제로 협심증을 비롯한 심혈관 질환, 위궤양 같은 위장 관련 질환에 영향을 미칠 수 있으므로 신체적 질병을 의학적으로 완화시킬 수 있더라도 심리적 증상에 대한 치료가 병행되는 것이 중요하다고 말한다.

어느 날 정리컨설팅 상담 전화를 받았을 때 한 고객은 울고 있었다. 작은 소리로 어렵게 이야기를 꺼낸 그녀는 엉망인 집이 너무 부끄러워서 의뢰조차 하기 힘들었는데 공간치유라는 회사 이름에 끌려 용기 내 전화를 걸었다고 말했다.

"몇 년 동안 정리를 하지 못했는지 기억도 나지 않아요. 지금은 육아휴직 중인데 몸이 아파서 결국 아무것도 못하는 상태예요. 너무 부끄러워서 집을 보여줄 수도 없는데 어떻게 하면 도움을 받을 수 있을까요?"

이 고객은 정말 힘겹게 용기를 낸 것 같았다. 통화하는 내내 부끄러운 감정을 드러내며 힘들게 대화를 이어갔다. 여러 차례 전화를 할까 말까 고민했다는 것이다. 통화 내내 숨어들어 갈 정도의 목소리로 눈물을 흘리면서 이야기하는데 마음이 몹시 아팠다.

그리고 약속한 날짜에 사전 방문을 했다. 집 상태보다 고객의 건강 상태가 더 걱정이었다.

"마음이 힘든데 몸까지 여기저기 안 아픈 데가 없어요. 물건 하나 들기도 힘들 정도로 팔도 다리도 다 아파요."

안색이 창백했던 그분은 다리 관절까지 아파서 앉고 일어서기를 힘들어했다. 그 상태로는 육아와 살림을 병행하기에 무리가 있었음을 단번에 알 수 있었다. 아이를 낳은 후 휴직하게 되었지만, 육아는 생각보다 쉽지 않았고 사업으로 바쁜 남편은 전혀 집안일을 도와주지 못했고 힘든 자신을 이해하거나 보듬어주지도 않는다고 했다. 그래서 이렇게 정리하지 않은 상태가 계속되면 죽을 것만 같아서 용기를 내었다는 것이다. "그냥 눈물이 나요. 가만히 있어도 눈물이 나요."

이런 고객들을 자주 만난다. 나는 심리상담사가 아니다. 다만 집을 정리해주고 왜 집을 정리하지 못했는지, 어떻게 정리하면 더 나은 삶을 살 수 있게 도와줄 것인지 상담해주는 공간전문가일 뿐이다. 그런데 고객들은 정리를 의뢰하고 상담할 때 자신의 삶의 어려움이나 고통 등을 이야기하며 눈물을 흘릴 때가 많다. "당신이 정리해준다면 내가 덜 아플 것 같아요" 하는 눈빛으로 간절히 도움을 요청하는 일이 있다.

인간이 느끼는 고통은 위에서 말한 것처럼 마음과 육신의 고통 이 두 가지인데, 이 고통이 정리와 연관이 있다면 나는 이렇게 이어보고 싶다. '눈에 보이는 불규칙한 정리 상태는 마음의 혼란을 더욱 가중시키거나 저장강박증과 같이 물건을 가득 채워야만 마음이 편안해지는 심리적인 착각으로 나타난다. 마음과 물건의 연관은 어떤 형태로든 정리를 하면서 풀어나갈 수 있는 고리가 있음이 분명하다.'

쾌적함과 활력을 맛본 인간의 경험은 여러 방면에서 많이 느껴보았을 감정이다.

감정을 인식하고 측정하는 도구 무드 미터 mood meter는 인간의 감정에 쾌적함과 활력 두 가지 요소가 핵심이라고 한다.

'쾌적快適하다.' 기분이 좋고 상쾌하다는 뜻을 가진 이 형용사는 청결, 색감, 습도, 온도 등 외부적 요소로부터 느껴지는 감정이다. 환경과 아주 밀접한 관계가 있는 단어인 만큼 '쾌적한 공간'이라는 말이 낯설지 않다. 주변을 청결하게 하고 혼란스러운 물건이 보이지 않으며 적절한 색감을 고려한 가구 배치는 쾌적함의 수치를 높인다. 그 안에서 행복감, 안정감, 평온함 외 수많은 긍정적 감정을 누리게 된다. 그러므로 정리되지 않는 불규칙하고 비위생적인 공간에서 느끼는 불쾌함은 물건을 가지런히 하고 청결한 공간의 상쾌함으로 변화할 수 있다. 그러므로 '정리된 공간'은 낙담과 불안으로 생긴 마음 통증과 더불어 육체적 고통까지 가져왔던 당신의 삶을 바꿔줄 수 있는 분명한 매개체가 될 것이다.

> 디자인이 훌륭하고 적절하게 구성된 환경은 건강과 인지사회적 관계에 좋은 영향을 미친다.
>
> _세라 W. 골드헤이건, 『공간혁명』, 다산사이언스

지금 당장 그 물건을
쓰레기통에 넣어라

> 모든 것을 갖는다는 것이 무슨 의미인지 알았다면, 부족한 대로 그냥 살았을 텐데.
>
> _릴리 톰린

    물건 버리기는 처음 시작하는 사람 누구나 여러 가지 이유로 어려운 마음이 든다. 간직해온 물건과 마주하면 그것들이 담고 있는 수많은 의미가 떠오른다. 고가의 물건이라서 막상 버리기 아까운 물건들이 있을 수도 있다. 때로는 언젠가는 쓸모가 있을지도 모른다는 생각도 크게 작용한다. 남편에게 받은 선물, 아이들과 함께했던 추억, 가족들과의 소중한 기억 등등. 그러나 이러한 의미 있는 물건들이 너무 많다면 그건 정작 가장 소중한 물건이 무엇인지 구별하기가 어려워졌다는 뜻이기도 하다.

    그럴 때는 그중에 정말 남기고 싶은 물건, 보관하기에 무리가 없는 크기의 소중한 물건만 추려낸다. 그런 다음 몇 개는 추억상자에 담아두고 나머지는 사진으로 찍어서 시간과 이야기를 사진과 함께 기록해두는 것으로 대신한다. 그러면 나만의 스토리북이 되어 언제든지 꺼내볼 수 있다. 그렇게 남겨진 그 물건들은 많은 물건 중에서 선택된 가장 가치 있는 것으로 남게 될 것이다.

또한 사용하지는 않지만 고가의 물건들은 당연히 버리기 어려울 것이다. 필요 없다고 무조건 버리기에는 경제적 손실을 가지고 올 테니 값비싼 골칫덩어리 물건을 어떻게 비워야 좋을지 고민이 된다. 그럴 때 우리는 '나눔'이라는 단어를 떠올리자. 내게는 필요 없지만 남에게는 필요한 물건들이 분명 있다. 그런 물건은 버리기 상자에 넣지 말고 나눔 상자에 담아두자. 그리고 필요한 사람에게 보낼 수 있는 다양한 방법을 찾아서 기분 좋게 비워보자.

나눔이란 아름다운 행위다. 하나를 둘로 나눈다는 말 뜻이 따뜻하고 정겹다. 그래서 나눔을 실천해보려고 노력한다. 내가 가진 정리라는 재능을 나누고 물리적으로도 누군가를 위해 보내는 일을 하려고 노력한다. 이런 일들은 누군가를 행복하게도 하지만 나 자신의 행복을 위한 행위기도 하다. 그래서 리사이클링 사업도 시작했다. 중고물품을 판매하여 수익금을 소외된 이웃에게 흘려보내는 형태인데, 이 사업을 하게 된 계기는 많은 컨설팅 현장에서 배출되는 사용하

공간 치유 에코샵
중고매매 장터를 통해 쓰지 않는 물건을 되팔아 소소한
수익을 얻고 누군가에게 도움이 된다면 이 얼마나
환경을 위한 실속 있는 나눔이 아닐 수 있겠는가?

지 않는 물건들을 볼 때마다 너무 안타까웠기 때문이다. 포장도 뜯지 않은 새 제품도 있고 꺼내놓고 사용하지 않은 깨끗한 물건들도 많이 배출되기 때문에 그런 물건들을 필요로 하는 누군가에게 나누어주면 참 좋겠다고 생각했다. 최근에는 중고 물품을 재판매하거나 기부하는 시스템이 많이 늘어났다.

이와 비슷한 여러 중고매매 장터를 통해 쓰지 않는 물건을 되팔아 소소한 수익을 얻고 물건이 필요한 누군가에게 도움이 된다면 이 얼마나 환경을 위한 실속 있는 나눔이 아닐 수 있겠는가? 그리고 둘러보면 아직도 물건을 쉽게 구매하기 어려운 이웃들이 많다. 그런 이들에게 물건을 나누어 그 기쁨을 누려보자. 분명 가슴에 행복이 가득 찰 것이다.

고가지만 필요 없어진 물건에는 어떤 것들이 있을까? 컨설팅을 의뢰한 집을 가보면 거실마다 빨래가 널어져 있는 물건이 하나 보인다. 바로 러닝머신이다. 이 운동기구는 정말 오랜 시간 사용하지 않고 방치되는 대표적인 애물단지다. 빨래건조대가 되어버린 러닝머신은 분명 버리기엔 아까운 물건임이 분명하지만, 그렇다고 사용하자니 운동을 시작하지 못하는 그야말로 애물단지인 것. 이런 물건은 공간도 많이 차지해서 여러모로 불필요하고 불편한 물건에 속한다.

> 부피가 커서 거추장스럽고 무거운 가구는 이삿짐을 옮기는 사람들한테만 부담을 주는 게 아니라 우리 마음에도 부담을 준다. 그런 가구가 집에 있으면 자유로운 움직임에도 제한을 받는다. 대궐 같은 집에 살지 않는 한 집을 정말로 꼭 필요한 물건밖에 둘 수 없는 공간이라고 상상하자. 무어인들의 집은 카펫과 방석 몇 장, 다반과 다기밖에 없어도 근사하기만 하다.
>
> _『심플하게 산다』, 도미니크 로로, 바다출판사

　주방에는 특히 많다. 바로 사용하지 않는 소형 가전들이다. 요리를 즐기는 주부라면 소형 가전이 꼭 필요하고 잘 사용되는 것이 맞다. 그런데 마치 자주 사용할 것 같아서 구매했으나 1년에 1회 사용할까 말까 할 정도로 방치된 소형 가전들을 참 많이 보유하고 있다. 이런 가전들은 아까워서, 언젠가는 사용할 것 같아서 비우지 못한 상태로 주방 공간을 가득 채우고 있다.

　덩치가 큰 물건들이라면 더욱 과감하게 비우는 것이 좋다. 크면 클수록 공간을 많이 차지하는 것은 당연한 것인데, 1년에 1번 언젠가 쓸지도 몰라서 보관만 하고 있기에는 우리의 집 공간은 너무 부족하다.

　어떤 집은 나무젓가락이 몇백 개나 되고 플라스틱 아이

스크림 수저가 넘쳐나는 집도 있다. 이 작은 물건들도 언젠 가는 필요할 것 같아서 보관하는 것 중에 하나다.

그렇지만 잘 생각해보자. 이 물건들은 언제라도 집 근처 어딘가에서 쉽게 다시 구할 수 있는 물건이지 않은가? 집에 보관하지 않아도 언제라도 다시 가질 수 있는데 굳이 자리를 차지하게 두어야 할까? 덩치가 큰 물건만 공간을 차지하는 것이 아니라 작은 물건들을 모아두는 것 또한 차고 넘쳐서 공간을 점점 비좁게 만드니 그런 물건부터 당장 비워내자. 아니 이런 물건들은 아예 모으기부터 멈추자. 물건을 모으기 전에 정작 구하기 어려운 물건인지 정말 나중에 정말 필요한지 얼마나 필요한지 생각해보고 모으기를 멈추자.

무엇보다 버리기 전에 들이지 않기를 먼저 할 것을 명심해야 한다. 맹목적으로 쌓여가는 물건들은 없어져도 후회할 일 없다. 과감히 비우자. 그리고 그 공간에 무엇을 남길지 무엇으로 사용할지를 기대해보자.

꼭 필요한 물건 두세 가지만 남긴 후 여유 있는 공간을 보게 되면 마음이 풍요롭고 가벼워질 것이다.

> 그러나 일반적으로 '아깝다'라는 표현은 물건을 아낀다는 말의 대명사처럼 통하고 있습니다.
> 그것을 버릴지 말지 고민할 때 이 말을 꺼낸다면 물건

을 버린다는 죄책감에 면죄부를 줍니다.

_『버림의 행복론』, 야마시타 히데코, 행복한책장

여자들이 가장 못 버리는 게 무엇일까? 그렇지 않은 사람들도 있을 수 있지만 대부분 옷인 경우가 많다. 그렇다면 여자들은 왜 옷을 버리지 못하는 것일까? 옷은 여자에게 생활 수단이 아닌 장식이다. 그래서 아무리 많아도 또 없다고 느끼고 끊임없이 새 옷을 사고 싶어 한다.

그런데 옷이 그렇게 많아도 그 옷을 다 입을 시간이 없고 여러 가지 이유로 옷걸이에서 한 번도 꺼내지 않은 상태로 몇 번의 계절이 그냥 지난다. 특히 겨울에 입는 두꺼운 외투들은 옷장 안을 빼곡히 차지하고 있는데 겨울 내내 패딩 하나로 지내는 경우가 많고, 그 외 손이 가지 않는 겨울 코트는 무려 10개가 넘게 걸려 있는 것이 명백한 사실이다.

그럼에도 불구하고 여자들은 늘 옷이 없다고 말한다. 그리고 입지 않는 옷을 버리는 것을 큰 숙제로 여기기도 한다. 옷을 버리지 못하는 데는 대부분 이러한 이유들이 있다. 유행이 지났어도 다시 돌아올 유행을 위해, 사이즈가 안 맞아도 살을 뺄 그날을 위해, 입지 않아도 내가 좋아하는 옷이니까, 누군가에게 선물받은 소중한 옷이니까 등. 모두 스토리를 품은 옷들인 셈이다.

옷장도 숨을 쉬어야 한다. 옷감마다 관리법도 다 다르다. 빼곡하게 걸려 있는 옷들은 서로 엉켜서 옷감은 상할 대로 상해 있고 특히 바람이 잘 통해야 하는 옷들은 더욱이 입기 위한 옷이 아니라 옷장을 메우는 옷이 되어버린 것이다. 어떤 옷이 어디에 처박혀 있는지 확인조차 불가능한 상태에서 과연 옷을 입고 선택하는 즐거움이 있는지 아니면 손에 닿는 옷만 매일같이 선택하는 불편함을 가지고 있는지 지금 바로 옷장 상태를 관찰하자.

나의 옷장 분석 / 남길 옷 고르기

- 계절별로 아이템을 정한다.
    - 겉옷 상의 / 하의 / 신발 / 가방 / 액세서리
- 내가 좋아하고 활용도 높고, 꼭 필요한 옷 위주로 나만의 소유 기준을 정한다.
    - 마음에 드는 옷 / 어울리는 옷 / 내 몸에 잘 맞는 옷 / 원단 상태가 좋은 옷 / 유행을 타지 않는 옷

옷을 비우는 방법은 내가 좋아하고 입을 수 있는 옷을 남기는 것이다. 그 외의 옷은 사실상 안 입게 될 확률이 높기 때문에 버리기 상자에 담거나 나눔 상자에 담아서 옷장을 비워야 한다. 그리고 비워진 옷장을 다시 화수분 옷장이

되지 않도록 유지하기 위해서는 옷의 총량을 정하고 그 외의 옷이 더 들어오면 전에 있는 옷을 비우는 습관부터 시작하자. 이 총량 규제의 법칙은 옷뿐이 아니라 모든 물건의 수량을 정해서 유지하는 방법으로 사용할 수 있는데 10개가 11개로 물건이 늘어나면 하나의 물건을 비우는 방법으로 수량을 유지하는 것이다.

총량 규제의 법칙
- 전체 물건 양을 정하여 조절한다.

교체의 법칙
- 물건의 총량을 기준으로 반입, 반출 양을 고려한다.

사용하지 않았던 물건을 비우는 것은 사용할 물건을 더 아끼고 지혜롭게 사용하게 하는 수단일 뿐이다. 비워진 자리에 가치 있는 물건의 수량을 조절하면서 새로운 물건을 들이면 그 물건의 가치는 더 소중하고 또 소중하기에 잘 사용하는 물건이 될 것이다.

물건을 적게 가질수록 누릴 수 있는 자유는 더 많아진다. 가족이나 친구들과 소중한 시간을 더 많이 보내고 삶의 여유를 만끽하라. 이것이야말로 진정한 자아를 찾고 가슴이 원하는 바에 따라 살 수 있는 삶의 기술이 아닐까?

_『물건 버리기 연습』, 메리 램버트, 시공사

버리지 않는
한국식 미니멀 라이프

> 미니멀리즘은 살아가며 중요한 것에 집중
> 할 수 있도록 인생에서 불필요한 것들을
> 없애주는 도구로서 이를 통해 만족, 충만
> 감, 자유를 찾을 수 있다.
> _조슈아 필즈 밀번, 라이언 니커디머스

　복잡하고 바쁜 일상을 살다가 지친 현대인들은 어느 때부터인가 음식, 코디, 인테리어 등 삶의 다양한 영역에서 심플함을 추구하게 되었다. 간단하고 단순함의 뜻을 지닌 이 심플simple은 복잡한 시대를 사는 사람들의 미니멀 라이프Minimal-Life를 추구하는 삶으로 이어지게 되었는데, 이는 최소한의 가구와 물건만 두고 살겠다는 심플한 사고에서부터 시작되었다.

　특히 미니멀 라이프는 요즘 같은 팬데믹 시대에 더욱 관심받고 있다. 여행과 외출을 자유롭게 하지 못하는 시대에 집에서 좀 더 간편하고 실용적인 생활을 하고 싶은 욕구의 증가로 미니멀리즘은 더욱 확산되고 있다. 내 집에서 좀 더 실용적인 것을 찾아 불필요한 물건들을 비워내자는 취지는 건강한 생활을 위한 사고임은 분명하다.

그러나 미국과 일본 문화에서 시작되어 정착하게 된 미니멀 라이프가 우리 문화와 잘 어우러지고 있는지 살펴보아야 한다. 대지진을 겪은 일본은 간소화된 살림에 대한 욕구가 더해지면서 미니멀 라이프가 하나의 트렌드로 자리 잡았다. 실질적으로 안전을 위협하는 물건을 두지 않는다는 생활 방침으로 시작된 미니멀 라이프는 사실상 한국 문화와는 많이 다르다.

한국은 유난히 가족 중심적인 문화가 팽배하다. 가족이 다 같이 어울려 음식을 나눠 먹고 정을 나누는 시간을 미덕이라고 여기고 살아왔으며 그에 필요한 공간과 가구를 배치한다. 하지만 미니멀 라이프가 유행으로 번지면서 미니멀 라이프를 위한 무조건 버리기를 하다 보니 가족들의 소중한 시간을 만들어줄 물건들까지도 무작정 버리는 오류를 범하기도 하는 것이다.

한국형 미니멀 라이프는 일본적인 문화에서 스웨덴식 미니멀 라이프에 보다 가깝게 접근하는 것이 나을 것 같다. 스웨덴식 미니멀 라이프는 라곰*이라는 단어로 설명된다.

- Lagom. Not too little, not too much. Just right. Swedish.

라곰이란 많지도 적지도 않는 딱 적당한 만큼을 의미하는데, 동양철학의 중용과 비슷한 뜻을 지닌다. 간소함과 더불어 균형 또한 중요시 여기는 것이다.

세계적으로 행복지수가 높기로 유명한 유럽 국가 스웨덴의 라곰 생활의 행복 원리는 생활의 여유를 말한다. 시간에 쫓기는 복잡한 삶이 아닌 지극히 단순하면서 소박하며 균형감 있게 안정적인 정서로 살아가려는 노력이 라곰의 건강한 생활 습관이다. 일, 생활, 가구, 인테리어, 음식 등 모든 것에서 절대 과하거나 부족하지 않다.

스웨덴은 추운 날씨 때문에 화려한 가구나 물건들보다는 온기를 줄 수 있는 수수한 직물이나 조명 등으로 인테리어하며 자연에서 얻은 식물들로 집 안을 소박하게 장식한다. 스웨덴 사람들은 공간을 채우고자 하는 게 아니라 마음을 채우기 위해 노력하며 물건이 아니라 사람이 주체가 되어 위안을 줄 수 있는 것들을 찾는다. 무조건 버리기가 아닌 자연을 집 안으로 들여오고 무엇이든 넘쳐나지 않고 적당하게 비움과 느림의 행복을 찾아내는 것이다.

코로나 시대를 직면하면서 이런 라곰식 미니멀 라이프가 우리에게 더 필요한 이유는 가족과 생활하는 시간이 늘어났고 집에서 여유 있게 안정적 생활을 누리기 위한 노력이 그 어느 때보다 필요하기 때문이다. 이런 라곰식 미니멀 라이프는 필요한 물건, 가구, 공간을 적당히 찾아내는 데서부터 시작해 적당히 비우고 느리게 행복을 찾아가며 점차 여유로운 라이프의 방식으로 자리 잡을 수 있다.

미니멀 라이프를 살기로 작정한 날, 가장 먼저 거실에 놓인 소파가 눈에 띄어서 당장 내다 버리고 여유 있는 공간을 얻었다면 나와 가족 모두가 소파가 없어진 공간에서 편안하고 행복해야 한다.

주방을 미니멀하게 정리하기로 마음먹은 날, 식탁을 비워내고 널찍한 주방 공간을 얻었다면 나와 가족이 함께 식사하며 담소를 나눌 공간과 식탁을 대신할 테이블이 준비되어 있어야 한다. 만약 이런 미니멀 라이프가 가족에게 불편함을 주었다면 이 방법은 옳지 않은 것이다.

미니멀 라이프는 나와 가족의 동의를 얻은 가운데 모두가 만족스러운 생활을 영위할 수 있을 때 하는 것이다. 아직도 우리 집 소파가 가족들과 휴식을 취하는 소중한 도구라면, 가족이 함께 식사하는 테이블이 주방에 있을 때 가족들이 시간을 함께할 수 있다면 당연히 그대로 두어야 한다.

한국식 미니멀 라이프는 물건을 무작정 버리는 것에서부터 출발하는 게 아니라 가족이 어울려서 행복한 공간을 만들 수 있을 만큼 적절히 남기는 것에서부터 시작하는 것이다. 그런 후 불필요한 가구를 비워내고 과도한 양으로 방치

가족 모두가 행복해야 하는 공간

한국식 미니멀 라이프는 물건을 무작정 버리는 것에서부터
시작하는 게 아니라 가족이 어울려서 행복한 공간을 만들 수 있을 만큼
적절히 남기는 것에서부터 시작하는 것이다.

되어 있던 물건들을 비우면서 가족들과 불편함 없이 익숙해지는 생활을 할 수 있을 때 비로소 행복한 미니멀 라이프가 되는 것이다.

Chapter 2

공간이 심리학에 묻다

우리 엄마도 혹시 저장강박증일까?
아이들은 어떤 환경을 좋아할까?
사는 곳을 자랑하고 싶은 여자들
엄마가 행복해지는 부엌
집콕 시대, 집에서 우울했던 이유
발길이 머무는 화장실의 비밀
그들은 왜 울었을까?
집 나가는 아이들
동굴을 찾는 남편들

우리 엄마도 혹시 저장강박증일까?

온갖 잡동사니로 가득 찬 집

저장강박 자가 진단 테스트

☐ 공짜 물건을 모은다.

☐ 한 번도 쓰지 않은 물건을 포함한 모든 물건을 보관한다.

☐ 두서없이 물건을 모으고 정리정돈을 하지 못한다.

☐ 물건을 모으지 않으면 기분이 나빠진다.

☐ 혼자 있는 시간이 많다.

☐ 요즘 불안감이 매우 커졌다.

☐ 모든 소유물을 가족들이 만지지도 못하게 하고 귀중한 보물처럼 여긴다.

☐ 평소 말할 때 장황하다. 질문을 간단하게 대하는 대신 아주 세세한 설명까지 덧붙인다.

☐ 결정을 내리는 것과 집중력이 약해져서 판단력이 매우 떨어짐을 느낀다.
☐ 우울감이 높고 충동구매가 잦다.

강박증이라는 것은 자신의 의지와 상관없이 어떠한 생각에 사로잡힌 상태로 엄습하는 불안을 줄이기 위해 특정 행동을 반복하는 증상이다. 그중에서도 무작정 모으거나 물건을 버리지 못하고 버리는 것에 불안을 느끼는 증상을 저장강박증 compulsive hoarding syndrome 이라고 한다.

이런 증상은 필요와 불필요, 버릴 것인지 모을 것인지 결정하는 행동을 지시하는 전두엽이 기능하지 못해 일어난다. 그러면서 트라우마를 심리적으로 보상받기 위해 물건에 과도하게 애착을 보인다.

가치를 판단하고 의사결정하는 능력이 손상되었기 때문에 물건의 필요와 불필요를 판단하기 어려워 일단 무조건 저장해두는 것을 저장강박증의 원인으로 보고 있다.

B 씨는 온갖 잡동사니가 쌓인 18평짜리 집에서 간신히 쭈그려 잠을 자고 있었다. 70세가 넘은 노년의 나이에 예전부터 쌓아놓은 물건을 버리지 못했고 새로운 물건을 계속해서 모으고 있었다. 새 물건이 아닌 주워 온 물건들이 대부분

주워 온 물건들로 가득 찬 방

예전부터 쌓아온 물건을 버리지 못하고 잡동사니가 쌓인 18평짜리 집에서 간신히 쭈그려 잠을 자고 있었다.

이었고 사용하기 위한 용도가 아니라 그저 집을 가득 채워 놓기 위해서였다. B 씨는 자녀들과도 교류하지 못하고 산 지 15년이 넘었다고 했다. 이야기하는 내내 체념 섞인 한숨을 쉬었고 짙은 외로움이 묻어났다.

집은 더 이상 앉을 자리조차 없을 정도로 물건이 가득 차 있었기 때문에 불필요한 물건들을 배출하기를 권했으나 마치 가족과 이별하는 괴로움을 나타내듯 몹시 힘들어했다. 저장강박증은 본인이 좋아하는 것을 아껴 쓰거나 수집하는 것과 다르게 먹다 남은 과자 봉지 같은 쓰레기조차도 버리지 못하고 버리는 능력 자체를 잃은 상태다. 이런 증상은 방치하면 개선되기는커녕 계속 악화되므로 초기 치료가 필요하고 약물치료를 해야 하는 경우도 있다. 그렇지만 약물치료보다 더 중요한 것은 본인이 문제를 인식하고 의지를 가져야 한다는 점이다. 또한 더 중요한 것은 주변 사람들이 당사자가 뇌 기능 이상으로 안 버리는 것이 아니라 못 버리는 것이라는 점을 알고 물건을 붙들고 있는 감정을 충분히 이해해주고 필요와 불필요한 물건을 선택할 수 있도록 도와주면서 정리를 해야 한다.

저장강박증은 아직까지 정확한 원인은 알 수 없으나 보통 주변 사람들에게 사랑과 인정을 충분히 받지 못할 때 물건에 과도한 애착을 보인다. 하지만 주변 사람들에게 사랑과 인정을 받고 있다는 느낌을 갖게 되면 자연히 사라질 수 있다. B 씨의 경우도 가족과의 단절로 인한 애정 결핍과 고립된 감정으로 물건에 지나친 애착을 보였던 것이다. 그래서 저장강박 증세를 가진 가정의 컨설팅을 진행하다 보면 사회와 고립된 독거노인들이 많다. 결국 애정결핍을 물건으로 채우려는 심리적 보상과 관련한 질병이라고 할 수 있다.

 이렇게 사회적으로 고립된 사람들을 그냥 지나치지 말아야 한다. 주변에 저장강박증 환자가 있다면 관심의 시선과 도움의 손길을 주어야 한다. 애착을 버리지 못하는 물건을 함께 정리해줄 수 있는 방법을 찾도록 노력해야 한다. 또한 지나치게 물건에 애착을 보이는 저장강박증이 아니더라도 유난히 물건 하나에 애착을 보인다거나 본인도 모르게 저장강박의 증세를 가지고 있는지 체크해보는 시간을 가져보아도 좋겠다.

아이들은
어떤 환경을 좋아할까?

아이들만의 공간, 집 속의 집

교육학자 켄 로빈슨^{Ken Robinson}은 아이들에게 다양한 환경을 만들어주는 것으로 교육의 패러다임을 바꾸자고 주장했다. 농부가 수박씨를 심어놓고 참외가 자라도록 만들지 않듯이 수박이 가장 잘 자랄 수 있는 환경을 만들어주자는 게 그가 말하는 핵심이다.

아이들이 좋아하는 공간은 어른들이 좋아하는 공간과는 차이가 있다. 예를 들면 어른들은 탁 트인 공간이 심리적으로 더 안정되고 집중도 잘된다고 느끼지만 아이들은 좁고 구석진 공간을 더 좋아한다. 그 공간이 자신만의 공간이라고 느끼는 것이다. 작은 공간을 좋아하는 이유 중 하나는 아이들이 엄마 배 속에 있을 때의 안정감을 생각하기 때문인데 이렇게 작고 자기만의 공간이 많을수록 안정감을 느끼며 상상력이 자라난다고 한다. 그 작은 공간 안에서 아이는 혼자만의 시간을 보내는 동안 다양한 상상을 하거나 놀이, 책을 읽으면서 창의적이고 자유로운 아이로 자라게 되는 것이다. 우리가 어릴 적 작은 상자 안에 들어가서 자신만의 공간을 만들어 놓았던 것처럼 언제나 아이들은 작은 공간을 찾고 그 안에서 많은 세계를 만들어가는 것이다.

그렇다고 해서 아이들 방을 만들어줄 때 큰 공간을 없애고 무조건 작게 만들어주어야 하는 것은 아니다. 크기에 상관없이 어딘가 구석에 아이들만의 비밀 장소를 만들어주는 것이 중요하다. 자신만의 공간, 특별한 공간이 있다는 것은 스스로가 주체 기관^{agency}이 되었다는 느낌을 가질 수 있기에 고안된 공간 그 이상으로 가치 있게 생각하게 된다. 아이들에게 자신만의 공간을 만들어주는 것은 특별한 장치가 필요하지 않다. 아이가 좋아하는 색깔과 아이가 좋아하는 놀잇감을 활용해서 아이만의 집, 집 속에 집을 만드는 것이다. 아이의 집이란 무한한 상상력을 담을 수 있는 곳이 된다. 집 안에 무엇이 담겨져 있는가에 따라 아이의 세계가 열릴 것이다.

아이들의 행동발달과 인지발달 단계를 알고 아이들의 연령에 맞게 공간을 구성해 준다면 더욱 아이들의 심리적, 행동발달적으로 만족한 공간을 만들 수 있다. 심리전문가나 교육자의 시선은 아니어도 부모의 관심과 시선으로도 충분히 발달 단계에 맞는 아이들의 공간을 만들어줄 수 있다. 대표적인 아동발달 심리학자의 이론으로 에릭 에릭슨$^{Eric\ Ericson}$과 삐아제$^{Jean\ Piaget}$가 있다. 사춘기 전까지의 연령에 따른 발달 단계 아이들은 자율성과 비자율성이 핵심이다. 예를 들면 좁은 걸 좋아하지만 그 안에서 주도적이고 자율적이고 싶어 한다. 이런 아이들의 심리발달 단계에 맞춰서 공간을 구성해주는 것은 좁은 공간이라고 인지할 수 있는 작은 집이나 텐트 등을 만들어주고 그 안에서 자유로운 선택적 놀이를 할 수 있도록 장난감을 배치해주거나 스스로 작은 공간을 만들 수 있도록 가구 배치와 아이 장난감을 정리할 때 반드시 한 켠에 여유 공간을 두는 게 좋겠다. 그 공간에서만큼은 자율적으로 새로운 창조물을 만들면서 다양한 자기만의 세계를 만들어가도록 유도하는 것이다.

아이 방을 상상의 나래를 펼칠 꿈의 공간으로 만들기 위해 알아야 할 첫 번째 방법은 아이 방에는 아이의 물건만 두어야 한다는 점이다. 어른들 물건이 아이를 방해해서가 아니다. 눈높이에 맞는 물건과 책들은 아이들 스스로 공간을 만드는 소재가 되기 때문이다. 아이들은 주변에 활용 가능한 것들을 모두 사용하여 자신이 원하는 놀잇감으로 변형시키기 때문에 최대한 아이 방에는 아이의 놀잇감과 책으로 배치해놓는 것이 좋다. 더불어 다양한 경험을 재현하며 창의력 및 상상력을 길러나가도록 돕는 옐로우 톤이나 다소 산만한 아이라면 안정적인 정서에 도움이 되는 그린 컬러를 선택해서 벽지나 가구, 소품 등을 스타일링해주면 심리적 안정감도 함께 만족시켜주는 공간이 될 수 있다.

삐아제의 인지발달단계

1. 감각운동기(출생~2세): 모든 지적 발달의 기초, 신체도식 발달, 자기중심적이고, 점차 대상 영속성을 획득

    기본적인 감각운동기로 아이의 움직임이 적어 공간을 많이 필요로 하지 않는 시기다. 이 시기에는 아이가 편하게 수면하고 안정적으로 감각을 익힐 수 있도록 안전하고 아늑한 공간을 만들어주고 오감 발달을 도와줄 수 있는 모빌 장식을 해주는 것이 좋다. 부모와 애착 형성을 위해 아가와 마주하며 함께 수면할 수 있도록 침대를 배치하는 것 정도의 공간을 만들어주도록 한다. 이때는 육아 시간이 길고 많은 에너지가 소모되므로 부모의 동선을 최적화하고 육아에 필요한 물건들이 쉽게 파악되도록 수납해놓는 것이 중요하다.

2. 전조작기(2~7세): 가상놀이, 자기중심성, 직관적 사고, 독특한 분류 개념 및 인과관계 보유

    모든 감각을 자기중심에서 생각하는 상징화된 가상놀이를

하는 시기다. 모방을 통해 행동을 모방하거나 주변의 물건 등을 상징화할 수 있다. 이와 함께 이 시기에는 폭발적으로 말을 배우며 언어능력이 크게 발달한다. 그러므로 아이의 상상력을 키워주는 창의적 공간을 만들어주면 좋다. 아이가 직접 만지는 다양한 놀이를 통해 상징적 사고를 익힐 수 있도록 별도의 놀이 공간을 만들어 다양한 장난감 및 교구 등을 배치해주는 것이 좋다. 운동신경도 발달해야 하는 과정이므로 놀이 공간에 여유 공간을 비워두는 것도 좋겠다. 아이가 직접 장난감을 정리하면서 인지력을 발달시킬 수 있도록 하는 습관도 필요하다. 놀이방을 구성할 때는 놀이 공간과 수납 구역을 반드시 분리한다. 창의력을 키워주고 스스로 정리 습관을 갖고 산만함을 정돈할 수 있는 공간이 공존하도록 할 수 있다.

3. **구체적 조작기(7~11, 12세): 가역적 사고 가능, 보존개념 획득, 탈 중심화, 가시적이고 구체적인 차원의 논리적 사고 가능**

    유치, 초등 저학년에는 사회적 관심이 증가해 밖으로 시선을 돌리고 인간관계를 맺으며 학교생활에서 진보를 이루게 된다. 새로운 도전과 노력으로 성공을 경험하는 이 시기를 성공적으로 보내면 자신에게 힘이 있다는 느낌과 믿음을 가진다. 하지만 그렇지 못하면 자존감이 낮아지기도 한다. 그러므로 첫 번째로 학습 능력을 키울 수 있는 안정적인 책상을 배치해주어야 한다. 아이 스스로 성취감을 가질 수 있는 취미 활동이나 친구들과 함께 놀이할 수 있는 공간을 만들어주는 것도 좋다. 이때 특히 미술 활동을 통해 창의력을 상승시킬 수 있으므로 교구장에 미술도구 및 취미 활동을 위한 수납공간을 두도록 한다. 신체 운동이 전조작기보다 줄어들기 때문에 자율적인 운동 공간보다 다양한 경험을 위해 본인이 좋아하고 재능을 발휘할 수 있는 공간을 만들어주는 것이 좋다. 예를 들면 악기를 연주하는 공간이나 자유로운 미술 활동이 가능한 테이블을 배치해주면 효과적이다. 아이가 좋아하는 컬러를 조합하여 벽지나 침대 시트 등으로 포인트를 주되 너무 산만하지 않도록 적절하게 공간의 주요 컬러를 사용하는 것이 중요하다. 이때는 미술 도구나 책, 학용품 등을 수납할 수 있는 수납가구를 배치하고 글씨를 읽을 수 있으므로 스스로 물건 자리를 체크하고 그 자리에 정리하는 습관으로 책임감을 키워주는 것이 좋다.

4. **형식적 조작기(11, 12세 이후): 인지적 성숙의 시작, 구체적인 대상 없이도 추상적 생각(가설 연역적) 토론, 추론, 논술 등 성인들이 행하는 모든 추리 형태 가능**

사춘기에 해당하는 시기이므로 무엇보다 개인의 공간을 필요로 하고 원한다. 그러므로 지나치게 고립시키지 않으면서도 독립된 공간을 주는 것이 좋다. 이 시기에는 자기중심적 사고에서 오는 스트레스가 많으므로 좋아하는 취미 생활을 위한 공간을 만들어주는 것도 좋고 특히 수면과 휴식의 공간이 반드시 마련되는 것이 좋겠다. 지나치게 학습에 몰두하는 분위기가 형성되는 것은 스트레스 수치를 높이는 길이 된다. 휴식을 취하면서 안정을 줄 수 있는 침대는 물론 편안한 안락의자 등을 배치해주는 것도 효과적이다. 전체적으로 안정감을 줄 수 있는 컬러를 선택하되 본인의 취향을 모두 반영하는 것이 좋다. 특히 여아의 경우 외모에 관심이 높아지고 성인이 될 준비를 하는 시기이므로 화장대를 배치해주는 것도 좋다. 또한 본인의 사물에 애착을 가지는 시기이기도 하므로 스스로 사물을 정리하도록 자율적으로 지도하되 쉽고 빠르게 정리할 수 있도록 큼직한 수납함을 활용해주는 것도 좋겠다.

사는 곳을 자랑하고
싶은 여자들

인플루언서들의 건강한 나르시시즘

　　SNS의 발달은 참 많은 변화를 가져왔다. 그 안에서 인기를 끄는 사람들이 큰 이슈를 생산하면서 연예인보다 더 관심받는 스타가 탄생하기도 하고 인플루언서(영향력을 행사하는 개인)라는 신규 직종이 만들어지면서 이들을 활용한 마케팅 시장이 성장세를 가져오는 이색 풍경이 형성되었다. 개인의 영향력을 사회에 알리는 SNS는 다양한 접근들이 있는데 그중 사진 한 장을 노출하면서 팔로우를 모으는 '인스타그램'은 세계의 소통의 장으로 불릴 만큼 크게 성장했다. 인스타그램에서 많은 관심을 받는 스타들은 사람뿐만이 아니다. 누구나 한번쯤 살아보고 싶은 집, 바로 집이 스타가 되는 경우도 있다.

집을 근사하게 가꾸고 대중들의 인기를 누리고 있는 인플루언서들의 능력은 대단하다. 전문가 못지 않은 스타일 감각과 사진 기술을 발휘해서 아름다운 집을 연출한다. 그런 사진을 보면서 대중들은 집주인을 동경하기도 하고 때로는 대리만족을 느끼기도 한다. 집을 노출하며 자신의 라이프 스타일과 예쁜 집을 자랑하고 싶은 여자들의 마음은 단순한 과시욕이 아닌 것으로 보인다.

이와 같이 자신의 외모나 능력을 이상화해서 외부로 노출하고 과시하는 자기애적 심리상태는 나르시시즘^{narcissism}에 가깝다. 나르시시즘을 공주병 혹은 요즘 말로 '관종'이라고 여기면서 자신밖에 보지 못하는 현대인들의 모습이라고 생각하지만, 건강한 나르시시즘은 자기과시, 자기중심이 아닌 적당히 자신을 드러내면서 매력을 만들어내는 동시에 사람들도 그 모습에 활력을 받는 건강한 모습으로 해석되고 있다. 기분 좋게 자기 집을 보여주고 그 안에서 긍정적인 삶의 모습을 엿볼 수 있게 하는 행위는 자기애로서 상당히 중요한 부분이다. 자기애는 자존감을 나타내는 것이기도 하므로 건강한 나르시시즘으로 자기 자신을 당당히 드러내는 인플루언서들의 문화 확대가 나쁘지 않다.

물론 집을 이용해 인플루언서 활동을 수익으로 삼게 되기도 하지만, 애초에 본인이 즐기지 못한다면 하지 못하는 일이기 때문에 일종의 집 사랑에서부터 시작된 활동이라고 봐야 한다. 본인의 집을 자랑하고 알리고 싶은 그들의 마음은 근사한 우리 집에 팔로우된 사람들을 간접적으로 초대하는 것이다. 그 심리 안에는 아름다운 집을 함께 관망하고자 하는 마음이 있겠고, 집이라는 휴식 공간에서 힐링의 경험을 나누고 싶은 마음이 있겠고, 또 나의 집을 좋아하는 사람들과 공감을 하고픈 마음이 있을 것이다. 다시 말해 집을 자랑하는 인플루언서들은 잘 가꾸어진 집에서 느끼는 좋은 감정을 누군가에게 나누어주고 공감을 얻을 때 다시 자신의 심리적 만족감을 채우면서 사는 것이라고 볼 수 있다.

그렇다면 인플루언서들의 집을 동경하는 사람들의 심리는 어떨까?

공간은 다양한 형태로 주어진다. 그중 삶을 가장 많이 담는 공간이 집이다. 그래서 가장 특별하길 바라며 삶의 마지막까지 끊임없이 좋은 집을 찾아나간다. 누구나 내가 사는 집이 쾌적하길 바라지만, 근사한 공간으로 만드는 것은 다른 얘기다. 그럴 때 우리는 나의 집을 대신하는 다른 집을 동경하게 된다. 나에게는 없는, 집을 잘 가꾸는 재주 있는 사람들을 찾아보는 것이다. 그렇게 그 사람의 세계에 들어가는 기분을 만끽하고 그 집에 초대받은 느낌을 가질 수 있다. 실현할 수 없는 일을 대신해주는 그들의 집은 거주 목적을 넘어서 작품이 되고 행복한 집 이상을 열어주며 우아함과 아름다움을 선사한다.

> 우아함과 아름다움은 우리 자신의 한계를 뛰어넘도록 도와준다. 우아한 사람의 몸가짐에서 보이는 아름다움은 그에 걸맞은 마음가짐과 노력에 따른 결과물이다. 우아하게 살기 위해 노력하면 우리 삶은 더 완벽해진다.
> _『심플하게 산다』, 도미니크 로로, 바다출판사

집이 아름답다고 느끼는 데는 여러 가지 측면이 있다. 구도가 특별하거나 인테리어가 조화롭거나 혹은 컬러감이 아름답다고 느끼는 식이다. 하지만 요즘은 또 하나의 유행으로 집이 잘 정돈된 것에서 아름답다고 느끼는 경우도 많다.

정리하지 못하는 나의 집을 대신해 깔끔하게 정돈된 집을 보면서 만족감을 얻는다. 실제로 미국 코넬대학교 연구팀에 따르면 집이 '편안하다', '휴식을 준다'라고 생각하는 주부는 자신의 집을 '복잡하다', '어수선하다'라고 느끼는 주부보다 스트레스 호르몬 '코르티솔' 수치가 온종일 낮았다고 보고했다.

이처럼 자신의 공간을 자랑하고 드러내는 모습을 좋아하는 팔로워들은 근사한 집에서 느끼는 편안함을 공유하며 심리적으로 만족을 얻고 있음을 알 수 있다. 좋은 의도에서 집을 자랑하고 있는 인플루언서라면 자기만족을 넘어서 좋은 영향력을 나눠주고 있는 것이다. 그 영향력으로 힐링하는 사람들이 있다면 집이 스타가 되었을 때 일어나는 현상들은 긍정적인 면이 큰 것으로 판단된다.

엄마가
행복해지는 부엌

집 안의 분위기를 결정하는 공간

행동과 환경의 연구 결과, 정리가 잘 안 된 주방에서는 정리가 잘된 주방보다 스트레스 해소를 위해 쿠키 등 단 음식을 두 배나 더 많이 먹는다는 연구 결과가 있다.

엄마, 즉 주부에게 부엌은 가족에게 음식을 해주는 곳이다. 그리고 주부가 머무르는 공간 중 가장 많은 시간을 보내는 공간이기도 하다. 그렇다면 부엌에서의 시간을 기분 좋게 보내면서 즐거운 마음으로 가족을 위해 요리하는가에 대한 의견은 주부마다 큰 차이를 보일 것이다. 요리가 취미여서 주방에서 시간을 보내며 이것을 행복이라고 여기는 여성들이 있다. 그들은 부엌에서 소소한 행복을 누린다. 하지만 부엌일이 노동의 연속으로 느껴지고 즐겁지 않은 여성들도 많다. 그저 해야 할 일을 하는 공간인 셈이다.

가정은 모두가 행복해야 하는데 가족 중 누군가는 언제나 희생만 하는 사람이 있다. 모든 가족 관계는 보이지 않는 그들만의 규칙이 있다. 어떤 사람은 희생자고 어떤 사람은 봉사자고 어떤 사람은 드러나지 않지만 영웅이 있기도 하다. 그런 구조 속에서 엄마들이 대부분 희생자 역할을 하는 것이 과거의 패러다임이라면, 요즘은 함께 나누고 다 같이 행복해야 한다는 패러다임으로 바뀌었다. 한 사람의 희생으로 안타까움과 미안한 마음을 품는 것이 아니라 모두가, 또 개인이 행복하게 자존감을 유지하는 것이 건강한 가족의 패턴이 되었다. 그중 엄마가 가장 많이 시간을 보내는 부엌이 바로 엄마의 자존감을 지켜줄 수 있는 공간이 되어야 하는 것이다.

> 기술이 발전할수록 부엌일은 평가 절하된다. 누구나 할 수 있고 같이해야 하는 일로 변해야 할 터인데, 오히려 '대수롭지 않으니 네가 계속하라'라는 명령의 기제가 되곤 한다.
>
> _『여자들은 다른 장소를 살아간다』, 류은숙, 낮은산

여성들이 느끼는 부엌에서의 불쾌함이라 하면, 대수롭

지 않은 일이니 계속해야 하고 인정받지 못하는 가사 노동으로 여겨지기 때문이 아닐까 한다. 하지만 좋아하는 친구들과 함께 음식을 만들고 주방에 모여 수다를 즐기며 사랑하는 아이들과 즐겁게 쿠키를 만들거나 혼자 커피 한잔과 함께 책을 보는 시간을 즐기는 부엌이라면 이야기가 달라진다. 부엌은 엄마만의 유일한 권력을 행사하는 공간이 된다. 마음대로 하고 싶은 일을 하면서 즐겁게 머무르는 공간으로 사용하는 것이다.

하지만 부엌은 집 안 중심부에 있다. 거실과 이어진 구조가 많아서 가족이 늘 오고가며 함께 공유하는 공간이다. 그러니 주방을 엄마만의 공간이라고 한정지을 수는 없다. 구조적으로는 요리하는 시간 외에 온 가족이 함께 모여드는 곳이고 문화적 변화에 따라 남편이 주도적으로 주방에서 요리를 하기도 한다. 그렇더라도 대체적으로 주방은 주부가 가장 많은 시간과 공간을 사용한다. 그러니 엄마 자신과 가족을 위해서라도 가능하면 엄마의 편리에 맞는 분위기로 만들어야 좋다.

안정성과 효율성도 좋은 분위기에 포함되지만, 요리하는 공간 이상으로 주방을 카페처럼 꾸미거나 독서하는 공간으로 활용한다면 때로는 그릇을 가지런히 정리하고 예쁘게 살림하는 힐링 주방으로 만들 수 있다. 가족들은 각자 자기만의 공간을 필요로 한다. 그런데 유독 엄마만의 공간을 따로 가지지 않는 경우가 상당히 많다. 그렇다고 가장 많은 시간을 보내는 곳이니 주방을 엄마만의 영역이라고 정하는 것은 밥을 지어 가족에게 내오라고 명령하는 것과 같다. 단지 주방을 엄마가 원하는 대로 구성하게끔 내어준다면 집 안의 가장 좋은 분위기를 가진 근사한 공간이 되고 엄마를 행복하게 해주는 공간이 될 것이다. 식탁 테이블이 반드시 밥상으로만 사용되지 않도록 테이블 위에 엄마가 좋아하는 소품을 올려놓고 여자로서 하고 싶은 일을 하는 테이블로 사용한다면 엄마의 부엌은 행복한 최고의 공간으로 바뀔 것이다.

집콕 시대,
집에서 우울했던 이유

쓰레기통 같은 우리 집

　대비할 틈도 없이 들이닥친 코로나19 팬데믹으로 우리는 강제로 집 안에서 지내야 했다. 재택근무로 업무에 차질을 빚었고 학교에 가지 못해 학생들의 생활 리듬이 깨져버렸으며 손님 없는 식당들은 하나둘 문을 닫았다. 일상을 박탈당한 상실감과 실업, 폐업 등 생계 불안정으로 스트레스 등이 점차 커지면서 코로나블루* 증상을 보이는 사람들이 많아졌다. 그렇게 밖에 나가는 것을 두려워하며 집에서 머무르는 현상을 가져온 새로운 '집콕 시대' 문화가 시작되었다.

* corona blue. 코로나19와 '우울감(blue)'이 합쳐진 신조어로 코로나19 확산에 따라 일상에 큰 변화가 닥치면서 생긴 우울감이나 불안함, 무기력증 등의 증상

집 안의 물건은 집에 있는 동안 보인다. 그리고 집이 쓰레기통 같다고 느낄 만큼 집 상태가 보이는 것 또한 집에 머무르는 동안 보이기 마련이다. 집콕 시대라 그런지 정리를 의뢰한 가정이 많다. 집에 있는 시간이 많아지면서 그동안 인지하지 못했던 집 상태가 파악되었기 때문이다. 그중에는 우울감을 호소하는 사람 또한 많았다. 집이 쓰레기통 같다는 표현도 적지 않았다. 그런데 쓰레기통이라는 표현보다는 집 공간이 점점 좁아지고 있다는 표현이 더 적절하다. 인간 삶에서 집은 중요한 존재이므로 집을 존중하고자 하는 최소한의 마음이 담겨 있어야 한다.

반면 밖에 나가지 않게 되면서 집을 다시 살피고 단장하는 시간을 가지게 되어 도리어 감사하다는 사람들도 있다. 비로소 내 집의 소중함을 느끼고 더 애정을 담아 정리하고 가꾸게 되었다는 것. 사람은 똑같은 상황을 맞이해도 받아들이는 정도와 느낌이 모두 다르다. 집콕 시대의 도래는 누구에게나 힘든 시간을 보내게 만들었다. 그 상황을 극복하는 여러 가지 방법 중 집에서의 휴식을 편한 공간으로 만들지 못한다면 우리는 코로나블루에 빠질 위험성이 훨씬 높아진다. 실제로 집콕 시대에 쌓여가는 쓰레기 같은 살림들로 더 우울하다고 하소연하는 사람이 많아졌다.

집콕을 하며 전과 같은 일상을 유지하기란 쉽지 않다.

매일 반복되는 일상 속 새로운 신체적 활동으로 시간을 채워야 하기 때문에 다양한 일을 시도해보는 것이 때로는 필요하다. 하지만 새로운 일을 시도할 때는 그에 맞는 공간이 필요하고 분위기도 중요하다. 예를 들면 홈트*를 하는 사람들이 늘어났는데, 유행에 따르고 싶지만 내 집에는 운동할 수 있는 공간도 없고 유쾌한 분위기도 갖추기가 어려운 경우다. 쓰레기통 같은 집에서는 아무것도 하고 싶지 않다. 심지어 편하게 앉아 차를 한잔 마시며 휴식을 취할 수조차 없다. 그러니 무기력함에 빠진 상태에서는 깔끔한 환경을 유지하기란 더욱 힘들었을 것이고, 점차 손을 댈 수 없을 정도로 지저분해진 방을 보며 우울감만 계속 반복되었을 것이다.

    사람들은 누군가에게 받는 위로의 말이나 외부적 요인으로 마음의 위안을 얻기도 하지만, 그렇게 타인이 만들어 준 감정치유는 그리 오래 지속되지 못한다. 결국 감정은 자기 자신이 스스로 가장 잘 알아주고 풀어주고 치유해야 하는 일이다. '집이 쓰레기통 같다'라는 것은 실제로 쓰레기더미가 있다는 의미보다 뒤죽박죽 뒤섞여 있는 집을 상징적으로 말하는 것에 가깝다. 이러한 물리적 상태는 정리하지 못하는 마음 상태로 비유할 수 있다. 과거를 정리하지 못하고

* '홈 트레이닝'의 약자로 장소와 시간에 구애 없이 편하게 하는 운동이다.

미래가 불안하기 때문에 버리지도 못하고 정리하지도 못한다. 그러니 도리어 쌓아두게 되는 것이다. 혼란스러운 자신의 마음 상태에 대한 자각이 필요하다. 집 쓰레기를 비우듯 마음에 정리되지 못하는 것들을 하나씩 정리하는 것은 건강한 마음 상태를 지켜나갈 수 있는 하나의 방법이다.

우울감을 떨쳐버리기 위한 다양한 취미 문화가 생겨났는데 그중 '홈캉스'라는 신종 취미 생활이 떠올랐다. 홈캉스는 호캉스마저 어려운 시대에 단순 가구 재배치로 오래된 나의 집을 휴양지처럼 만드는 방법이다. 우리 뇌는 가구를 재배치하는 것만으로도 집을 새로운 환경으로 받아들인다. 그러므로 쓰레기통 같은 집을 정리하고 가구들을 살짝 재배치만 해도 우울했던 감정이 사라지고 새로운 마음을 받아들일 수 있는 기회가 열리는 것이다.

발길이 머무는
화장실의 비밀

가장 개인적인 공간

집에서 가장 사적인 공간은 화장실(욕실)이다. 그런데 최근 이 장소의 의미가 달라지는 추세다. 리빙 베스$^{Living\,bath}$라고 불리는 화장실은 단순 생리적인 욕구만을 해결하는 공간이 아닌 휴식을 취하고 힐링을 느끼는 공간으로서 그 의미를 확대해나가고 있다. 집 안은 어디 하나 빼놓을 수 없을 만큼 모두 쓸모 있는 공간이지만, 욕실은 중요도에 비해 오래 머무는 공간이 아니라는 점에서 정리하거나 꾸미려고 하지 않았던 사람들이 많다. 씻을 수만 있으면, 생리적 욕구를 배출할 수 있으면 아무래도 상관없는 공간이었던 것이다.

이제는 점차 건강한 삶에 대한 관심이 높아지고 개인의 존엄을 중시하는 시대가 되면서 나만의 공간을 만들고 힐링하는 것을 필수요소로 생각하게 되었다. 그러면서 화장실이라는 공간의 중요도가 급격하게 떠오르기 시작했다. 독일의 시인 브레히트$^{Bertolt\ Brecht}$는 화장실에 관해 인간에게 만족을 주는 지상에서 가장 사랑스러운 장소라고 칭송했으며『레미제라블$^{Les\ Miserables}$』을 쓴 프랑스의 대문호 빅토르 위고$^{Victor\ Hugo}$는 '인간의 역사는 곧 화장실의 역사'라고 말했다. 사람들은 화장실에서 개인의 생리 욕구와 함께 책을 읽는 등의 온전히 혼자만의 활동의 시간을 갖기도 한다. 화장실은 사실상 생리적 현상을 해소하기 위한 실용적인 목적뿐만 아니라 정신건강을 위한 해방처이기도 한 것이다.

　욕실은 과거 향락과 사교 장소, 때로는 종교의식을 행하는 공간이었다. 그러다가 19세기 이후 서서히 분리되면서 사적인 공간이 되었다. 현 시대에는 화장실에 대한 관심이 더욱 높아지면서 욕실을 특별한 공간으로 꾸미는 사람들이 늘어나고 있다. 호텔 같은 욕실이라는 콘셉트로 고급스럽고 근사하게 꾸미기도 하고, 마치 방을 연상케 하듯이 습도를 최소화하고 뽀송한 느낌을 유지하며 다른 공간과 구분하지 않는 건식 욕실로 인테리어하기도 한다. 이렇게 근사하게 만들어진 욕실은 그 안에서 휴식하는 시간을 갖지 않아도 눈으로 보기만 해도 힐링이 된다. 집주인 성격과 집안 분위기를 표현하려는 상징물이 된 욕실. 역설적으로 위생을 최우선으로 해야 하는 공간에 아름답고 보기 좋은 인테리어 소품이나 내 방보다 향기로운 용품을 놓아두는 모습이 바로 달라진 욕실의 위상을 대변한다.

욕실(화장실)에 본래의 기능을 넘어서는 가치를 부여하는 이유는 '나의 것에 대한 욕망'에 있다. 혼자만의 시간을 보내면서 최고의 휴식을 만끽하고 싶은 욕구 때문이다. 허나 화장실을 호텔처럼 꾸며야만 개인의 휴식이 보장되는 것은 아니다. 그저 외부와 완벽히 단절되고 소음이 차단된 고요한 공간이라는 점, 그래서 머릿속 복잡한 일들을 정리하고 때로는 업무 아이디어를 떠올리기도 좋은 것이다. 몸과 마음이 가장 순수한 상태를 유지하는 공간인 셈이다.

휴식이 보장되고, 개인적인 욕구뿐만 아니라 사회적인 욕구까지도 은밀하게 발산할 수 있는 지극히 자유로운 공간이 화장실이라는 인식이 커졌다. 그만큼 인간의 심리적, 감성적 측면에 많은 영향을 미치기 때문에 화장실을 쾌적하고 안락한 휴식 공간으로 만들면 적은 비용으로 큰 효과를 기대할 수 있다. 나와 가족들이 하루에도 몇 번씩 들락거리는 장소를 과연 어떤 공간으로 정리하고 만들지 곰곰이 생각해보자. 과도한 비용을 들일 필요도 없다. 위생적이고 깔끔히 정돈된 욕실이라면 그 힐링의 깊이는 충분히 더해질 것이다.

그들은 왜 울었을까?

집 정리가 끝났을 때 느끼는 감정

정리는 공간을 변화시키기 위한 목적을 가진다. 집 정리를 마친 후 달라진 공간을 보는 집주인들의 만족도는 상당히 높다. 대부분 새로운 집에 온 것 같다는 말을 가장 많이 한다. 그런데 정리를 하고 난 후 달라진 공간을 보면서 느끼는 감정이라고 보기에는 조금 강한 감정이 전달되기도 하는데, 정리가 끝났을 때 눈물을 보이며 우는 사람들이 많다는 사실이다. 운다는 것은 슬픔, 기쁨, 아픔 등 다양한 감정을 표현하는 행동이다. 집주인들이 우는 이유 또한 복합적인 감정이 들어 있다고 본다. 단순히 내 집이 바뀌고 좋은 환경이 되어서 눈물을 흘리는 기쁨의 감정이라기보다 훨씬 깊은 내면의 감정 표현이라고 생각한다. 물건들을 만지고 버리고 정리하는 과정에서 인생을 다시 한번 돌아보게 되어 느끼는 아련한 눈물일 수도 있고, 답답하게 억눌려 있던 물건들이 사라지면서 느끼는 통쾌한 눈물일 수도 있다.

공간을 매만지면서 내면의 무엇인가가 터치되었다는 것인데, 이것은 프로이드^{Freud}가 말한 무의식의 세계와 가깝다. 무의식적으로 억압해놓았던 사랑받고자 하는 욕구, 개인적인 안정을 확보하고자 하는 욕구, 공주처럼 예쁘게 살고자 했던 욕구, 조용히 자기를 성찰을 하고 싶었던 욕구 등의 표현하지 못했던 무의식이 공간이 깨끗해짐으로 인해 터치되었던 것이다. 그것은 무의식 속에서 간절히 원하던 마음인 만큼 그것이 눈앞에서 이루어졌을 때 기쁨과 감사함이 섞인 건강한 눈물로 표현된다.

눈물을 보이는 또 다른 이유는 관계^{relationship}에서 나타난다. 집이라는 공간은 가족 관계를 들여다보게 한다. 가족은 가장 소중하면서도 가장 상처를 주는 관계고 죄책감을 느끼게 하는 관계이면서도 항상 인정받고 싶은 관계다. 가장 중요한 관계에 있는 소중한 사람들을 기쁘게 해주었다는 마음이 크게 작용하기도 하고, 때론 미안한 감정을 드러내는 표현일 수도 있다. 자신이 아이 혹은 남편 아니면 아내에게 만들어주고 싶은 집이었지만, 지금까지 해주지 못했는데 집 안에 새로운 공간이 만들어진 것에 대한 미안함과 고마움의 감정이 복받쳐 올라 눈물이 난다고 했다. 이는 가족에 대한 마음과 정리해준 전문가들에 대한 고마움을 포함하기도 하지만 가족 관계에서 나타나는 무의식의 감정일 것이다.

때로는 정리를 의뢰하는 사람들 중에 가족의 유품을 정리해야 하는 경우, 남은 가족들의 고민은 상당히 깊어진다. 예기치 않게 가족을 떠나보낸 경우라면 더욱 그렇다. 그럴 때 유품을 정리하면서 우는 감정은 오롯이 가족에 대한 추억을 지우면서 흘리는 눈물일 것이다. 이럴 때는 슬픈 감정이 물건에 담겨 사라지기를 바라면서 조심스럽게 정리해드리곤 한다.

어떤 상황이든 흐르는 눈물을 애써 참을 필요 없다. 마음이 느끼는 대로 울어주는 것, 목 놓아 우는 것은 질병 위험도 줄여주고 뇌를 리셋하는 효과도 있다고 하지 않은가. 최근 울음요법이 심신을 치료하는 치유법으로 주목받고 있기도 하다. 실제로 눈물이 통증 유발 물질을 억제하고 스트레스 수치를 떨어뜨리는 등 해독 효과가 있다는 연구 결과도 발표되었다. 그렇다면 울음을 유발시키는 원인이 슬픔이 아닌 기쁜 감정이라면 몇 배의 효과로 치유될 수 있다는 것 또한 당연할 것이다.

인류학자 애쉴리 몬테규[Ashley Montagu]는 웃음처럼 울음도 사회적, 심리적으로 우리를 만족시켜준다고 말한다.『울 수 있는 자유』라는 자신의 책에서 "울 수 있는 자유는 개인의 건강에 도움을 주며, 다른 사람들의 행복을 위해 더 깊은 영향을 끼칠 수 있도록 해준다"라고 했다.

집이 정리된 후 그들은 왜 울었을까? 개인의 감정은 모두 다르지만, 울고 난 후 얻어지는 치유의 경험은 모두가 같을 것이므로 집주인들의 눈물이 아름답고 건강한 감정이라는 것이 감사한 일이다.

집 나가는 아이들

왜 집에 들어가고 싶지 않을까?

집에 머무르지 못하고 밖으로 맴도는 아이들은 종종 사회 문젯거리로 조명된다. 그럴 때마다 아이들을 건강하고 행복하게 키워낼 책임이 부모와 가정에 있다는 사실을 반복적으로 되새기게 된다. 그중에서도 어른도 어린이도 아닌 발달 단계에 있는 청소년기가 제일 어려운 시기다. 사춘기 아이들은 두뇌, 호르몬 등 신체적 변화를 겪으며 가족 중심에서 친구 중심의 일상으로 바뀐다. 그러면서 친구들 사이에서 인정받고 싶은 것이 많아진다. 또한 2차 성장으로 본인마저도 감당이 안 될 만큼 신체는 물론 감정 변화가 급격한 시기다. 만약 화목하지 않은 가정에서 자란 아이라면 어릴 때 무조건적으로 순종하며 본인의 힘을 내지 못한 채 살았을 것이다. 하지만 사춘기가 되면서 정서적으로나 육체적으로 힘이 생기므로 예전과 달리 가족들과 자주 싸움이 일어나고 심리적, 환경적으로 안정된 아이들일지라도 호르몬이나 본능에 의해 자연스럽게 반항심이 생겨버린다.

어릴 때는 엄마 아빠가 대단한 슈퍼맨이라도 되는 줄 알았다가 청소년기에는 부모님에 대한 유한성을 느끼며 영웅심이 사라지고 다박다박 말대꾸를 시작한다. 그러면서 그동안 쌓아놓았던 안정적이지 못했던 감정들이 폭발하면서 여러 가지 방법으로 반항하게 된다. 때로는 집을 떠나 가출을 감행하는 극단적인 선택을 할 때도 있다. 혹은 가장 흔하게 나타나는 현상으로 자기 방에서 나오지 않는 은둔형 생활을 택한다. 이런 모습은 가족의 울타리와 집이라는 실제 공간에서 벗어나거나(가출) 은둔하는 것인데(고립), 이는 가족이 곧 집이라고 여기는 것의 반증이다. 어쩌면 아이들에게 주어진 집이라는 울타리가 애초 따스하고 안전하지 않았을 수도 있는 것이다.

안전하고 안정적이라는 것은 무엇을 뜻하는 것일까? 우선 부모가 따뜻한 언어와 돌봄으로 심리적인 안정을 줄 때다. 집에서 밥 짓는 냄새가 나면 아이들은 엄마의 품 같은 따뜻함을 느낀다. 어린 시절을 떠올려 보라. 학교를 마치고 집으로 돌아가면 반겨주던 엄마의 품이 아직도 생생하게 기억난다. 아직까지 그 당시 느꼈던 엄마의 품만큼 따뜻했던 건 없다. 반대로 집에 들어갔을 때 엄마가 없는 날이면 왠지 모를 허전함에 마음이 서늘해지곤 했다. 엄마라는 거대한 공간은 어린 시절 모든 걸 다 품어줄 만큼 커다랗게 느껴졌다. 하지만 서서히 청소년기가 오면서부터는 엄마의 사랑보다 친구의 사랑에 더 관심을 가지게 된다. 엄마를 대신해 친구가 세상에서 제일 소중한 존재가 되기도 하고 친구와의 관계가 삶을 뒤흔들어놓기도 한다. 친구를 따라서는 어디든 가고 싶다. 그래서 친구를 나의 집에 초대하고 싶기도 하고 친구 집에 가서 머무르고 싶어지기도 한다.

    그럴수록 관심 밖이었던 나의 방이 깨끗하게 정돈되어 있기를 바라게 된다. 놀러 간 집의 친구 방이 아주 예쁘게 꾸며져 있다면 그런 마음은 더욱 강렬해진다. 그래서 정돈된 방에 친구를 초대하고 싶은 마음에 평소 안 하던 청소도 하고 책상 위를 가지런히 정리도 해본다. 청소년기에는 그토록 바라는 엄마의 정리 요청보다 오히려 놀러 올 친구를 위해 무엇이든 하고 싶어지기 때문이다. 그럼에도 부모는 청소년이 된 아이들이 학업에 집중하길 바란다. 자녀가 공부라는 사회적 행위에서 벗어나는 것이 두려워 적극적으로 자녀에게 요구한다. 그것은 청소년기에 가장 스트레스를 받게 하는 행동임을 알면서도 말이다.

그렇다고 청소년기에 학업을 놓을 수는 없다. 또 학업과 스트레스를 동시에 해소할 수 있는 공간도 많지 않다. 그러나 역으로 그럴 수 있는 공간이 집에 있다면 이야기는 달라진다. 아이의 방을 철저히 독립적이고 좋아하는 인테리어와 정서에 도움되는 용품들로 채워주는 것이다. 이는 심리적으로 가장 의지하는 부모라는 안정된 장치가 있는 집 안에 만들어진 자신의 공간이며, 자율 속에 이루어진 통제다. 그러면 학업이라는 의무감을 느끼고 자유롭게 미래를 꿈꾸는 장소가 될 수 있다.

청소년을 위한 공간은 독립적으로 분리해주고 원색적인 컬러보다는 마음을 안정시켜주고 지친 마음에 기운을 줄 수 있는 그린이나 블루 톤으로 벽지와 소품 등을 꾸며주는 것이 좋다. 그린 컬러는 눈의 피로를 덜어주는 효과가 있으므로 청소년들 방에 사용하면 좋다. 눈부심이 적은 조명으로 설치해주는 것이 공부하기에 좋으며 잠자리는 최대한 편안한 휴식을 취할 수 있도록 침구 청결과 온도 유지에 신경을 쓰도록 해야 한다.

쾌적한 공간에서 느끼는 안정감은 어른과 마찬가지로 청소년기에는 더욱 민감해진다. 산만한 물건들은 보이지 않도록 수납하고 책상이나 다른 가구 위에 물건이 노출되어 있지 않도록 유의하여 정리해야 한다. 집에서 가장 좋아하는 친구와 시간을 보낼 수 있는 공간을 만들어주는 것은 아이가 집을 편하게 생각하게 되는 좋은 방법이다. 무엇보다 종종 삐걱대는 부모와도 사이좋은 관계로 유지하는 현명한 기회가 될 것이다.

동굴을 찾는 남편들

독립 공간을 필요로 하는 남자들

아버지가 짊어지는 가장의 무게감은 생각보다 크다. 가족을 부양하고 자식을 책임져야 한다는 부담감은 언제나 가장의 어깨를 누른다. 그래서인지 대부분의 아버지, 남편은 가족 안에서 맘 놓고 행복하지 못한 것 같다. 집에 있어도 늘 외롭다고 말하는 남편들을 많이 보았다. 퇴근 후 집에 들어가면 반겨주는 건 애완견뿐이라고 너스레를 떠는 남편들도 있는데, 그것도 사실 없는 말도 아니다.

자녀들은 언제나 엄마를 찾지만 막상 아빠는 있으나마나 한 취급을 하는, 외로운 모습의 남편을 묘사한 광고도 있었다. 집 밖에서 스트레스를 받고 집에 와도 반겨주는 가족보다 외면하는 가족들이 있다는 것이 아버지들을 더욱 외롭게 만든다. 그런 부담감과 외로움 탓에 남편들은 잠깐이라도 가족들에게서 벗어날 수 있는 자기만의 방을 유난히 가지고 싶어 한다. 틈만 나면 스스로 동굴로 들어가려 한다. 동굴은 좁은 공간을 의미하기도 하지만 심리적으로 숨고 싶은 장소를 뜻한다. 아무에게도 방해받지 않고 오롯이 혼자 있을 수 있는 집 안의 동굴인 셈이다.

공간컨설팅을 의뢰한 여성들 중 남편이 독립된 공간을 원한다고 요청하는 사람들이 꽤 많다. 반면 아내의 공간은 그다지 원하지 않는다. 실제로 남편의 서재나 휴식 공간을 집에 만들어놓은 사람들이 많다. 어쩌면 남편보다 아내가 집에 있는 시간이 평균적으로 더 많은데도 굳이 남편을 위한 공간을 따로 만들어놓는 이유가 무엇인지 생각해보았다.

남자와 여자는 태생적으로도 다르지만 뇌 구조와 심리학적 측면으로도 많은 차이가 있다. 그렇기 때문에 가족 안에서 느끼는 감정이나 관계의 태도도 다를 수밖에 없다. 아내는 자녀들 일에 깊이 관여하고 수용적인 데 반해 남편들은 가족 안에서 허약함을 보이지 않으려 늘 절제하고 수비적이다. 그렇기 때문에 상황을 장악하고 있는 것처럼 보인다. 하지만 사실상 자기감정은 숨기고 모든 걸 혼자서 해결한다. 그래서 유난히 혼자만의 공간을 필요로 하는 것은 아닐까 추정해본다. 물론 이것이 모든 남편의 성향은 아니다. 가족과 어울려 대화하기를 즐기고 자녀들과 놀아주는 시간을 많이 가지는 남편들도 있다. 앞서 말했듯이 독립적인 성향이 짙은 남자들의 특성상 대부분은 심리적으로 혼자 있는 시간을 좋아하는 것이다. 그래서 작은 공간 하나라도 자기만의 방이 만들어지면 진심으로 기뻐하는 것 같았다.

    남편들의 공간은 화려한 인테리어를 필요로 하기보다 편히 앉는 의자만 있어도 만족해한다. 근사한 가구가 있는 공간이라면 더할 나위 없이 좋겠지만, 작은 텔레비전 하나만 있어도 하루 종일 방 안에 있을 수 있다는 남편들도 많다. 남편들이 방 안에 들어가 나오지 않는 것을 좋아하는 아내는 그리 많지 않을 것이다. 대화하기를 좋아하는 여자들의 성향으로는 더욱 그렇겠지만, 그렇다 하더라도 남편들이 원하는 동굴이 남편의 건강한 삶을 위해 필요하다면 작게나마 만들어주는 것을 시도해보는 것도 나쁘지 않을 것이다.

    한 클라이언트의 집을 정리해주었을 때 그 집의 베란다를 홈 오피스로 만든 적이 있다. 유난히 넓은 베란다였기에 또 하나의 방을 만들 수 있었다. 그런데 자기 남편이 거기다 소파와 텔레비전을 놓아달라고 하면서 세면대도 있으면 좋겠다고 했다는 것이다. 가족 관계에 문제가 있어서도 아니고 별다른 이유가 있어서도 아니다. 그저 나만의 공간, 집 안에서도 혼자 있고 싶은 동굴이 필요하다는 이유였다.

홈 오피스

아무에게도 방해받지 않고 오롯이 혼자 있을 수 있는
집 안의 동굴인 셈이다.

남편의 서재로 만든 베란다

개인 공간을 필요로 하는 것은 남편뿐 아니라 아내, 자녀 모두에게 필요하다. 평수가 크지 않아도 방이 많지 않아도 각자를 존중할 수 있도록 배려해주는 공간을 구성하면 좋겠다.

가족 안에서 개인 공간을 필요로 하는 것은 남편뿐 아니라 아내, 자녀 모두에게 필요하다. 평수가 크지 않아도 방이 많지 않아도 각자를 존중할 수 있도록 배려해주는 공간을 구성하면 좋겠다. 창고처럼 사용하지 못하는 방을 정리해서 남편의 서재를 만들고 옷이 넘쳐나는 옷방을 필요한 옷으로만 남긴 후 한쪽에 아내의 취미생활을 위한 공간을 만든다면 가족 모두 개인의 시간이 존중되는 공간으로 더욱 건강한 정서를 유지하게 될 것이다.

Chapter 3

집이 달라지면
마음이 치유된다

쓰레기를 주워 와서 입히고 살았던 엄마
먼지가 수북한 공간에서도 예쁜 향초를 피우고 싶었던 소녀
혼자 다 먹지도 못하는데 과일 청을 가득 담그던 어머니
침대방을 가지고 싶었던 꿈 많은 소년
폐질환을 앓으면서도 운동을 멈추지 않던 남자
아이를 지키고 싶었던 엄마라는 이름
옷이 넘치고 넘쳐도 또 사고 싶은 여자
내가 어떻게 살았는데

쓰레기를 주워 와서 입히고 살았던 엄마

"내 물건을 버린다면 정리에 협조하지 않겠습니다."

날씨가 유난히 더웠던 여름이었다. 그날도 봉사를 위해 어려운 환경에 처한 가정으로 사전 상담을 갔다. 서울 중심부에는 고층 아파트와 마주한 키 낮은 주택들이 고즈넉하게 모여 있는 곳들을 쉽게 찾을 수 있다. 그곳은 마치 다른 도시를 연상케 하듯 높은 건물 하나 없는 동네였다. 도로로 들어섰지만, 고불고불 골목이 다 비슷하게 생겨서 집을 찾는 게 여간 쉽지가 않았다. 아니나 다를까, 이곳은 재개발을 앞두고 있었다. 그래서 겉으로 봐도 비어 있는 집들이 여기저기 보였고, 낡은 건물 앞에 쓰레기가 쌓여 있는 등 관리가 제대로 안 되고 있었다. 이번에 방문하는 가정은 젊은 부부와 세 아이가 함께 사는 집이라고 했다. 젊은 나이에 무슨 사정으로 정리가 어려웠는지 방문 전부터 상당히 궁금함을 자아냈다.

　도착한 곳은 주차 공간이 넉넉한 빌라였다. 하지만 사례자가 사는 집은 18평 남짓한 작은 평수였다. 5인 가족이 살기에 충분한 평수는 아니었는데, 현관 앞에 들어서자 집 크기를 가늠할 겨를도 없이 발 디딜 곳조차 없을 정도로 온 집 안이 물건으로 꽉 차 있었다. 거실에 겨우 1평 정도의 공간이 비어 있을 뿐이었다.

　거실에는 물건이 당장 아래로 쏟아져 내릴 것처럼 위험하게 쌓여져 있었다. 두 개의 방 역시 사용하지 못한 지 꽤 오래되어 보였다. 사례자의 아내는 중년을 아직 넘기지 않은 젊은 여성이었다. 방문하는 시간에도 아내는 어딘가 분주하게 다녀온 모양이었는데, 일을 하고 왔다는 그녀는 작은 수레 같은 것에 물건을 가득 실어왔다. 알고 보니 쌓여져 있는 물건들은 모두 주워온 물건이었고 이것을 다시 되파는 일을 하고 있었다. 하지만 집 안에 가득 쌓인 물건들은 한눈에 보아도 재사용이 불가능한 것들이 많아 보였고 일상생활이 어려울 정도로 양이 가득했기 때문에 생계를 위한 물건이라고는 인정하기 어려웠다. 이런 상태에서는 별다른 본인의 물건, 가족의 물건은 없는 것으로 보아야 한다. 그냥 어디선가 가

당장이라도 쏟아져 내릴 것 같이 쌓여 있는 물건들
알고 보니 쌓여져 있는 물건들은 모두 주워 온 물건이었고,
이것을 다시 되파는 일을 하고 있었다.

쓰레기장을 방불케 하는 빌라 주차장
물건을 비우는 데만 반나절 이상이 걸렸고,
버려야 할 물건들로 주차장을 가득 채웠다.

지고 온 잡동사니들로 생활하면서 아이들 옷도 입히고 돌보았던 것이다.

사례자의 이웃이 옆집에서 풍기는 악취 때문에 기관에 도움을 요청하면서 컨설팅이 진행되었다. 사전 상담 날 아내분은 물건을 버리면 협조하지 않겠다고 했다. 이것들은 다 쓸 수 있는 물건이고 또 가족의 물건이라고 말이다. 세 자녀는 아직 미취학 아이들이었다. 아이들 장난감 역시 산더미처럼 쌓여 있었다. 가장 염려스러웠던 것은 아이들이 장난감을 꺼낼 때 물건이 아이들을 다치게 할 수도 있는 부분이었다. 정리가 진행될 수 있도록 물건 버리기를 할 때 도움을 드리겠다고 이야기한 뒤 한 달이라는 시간을 보냈다. 그동안 아내분은 어떤 고민을 했을까? 어떤 각오를 했을까? 갈등의 시간을 보낸 그녀는 마침내 버리기와 정리를 허락했다. 자원봉사자 포함 10명이 넘는 인원이 작업에 투입되었다. 물건을 비우는 데만 반나절 이상이 걸렸다. 버려야 할 물건들로 주차장을 가득 채웠다.

사전 상담이 있었던 날은 아내분만 보았으나 그날은 남편도 함께 정리하는 과정을 도왔다. 물건을 비울 때마다 어려운 마음을 표현하는 아내분과는 달리 남편분은 무척이나 마음이 다급해 보였다. 물건들을 빨리 다 비우고 정리해주었으면 하는 마음과 오늘 이 정리가 다 끝나지 못하면 어쩌나 하는 불안한 마음, 희망과 불안을 동시에 끌어안고 있다는 점이 잠시 생각을 멈추게 했다. 물건을 비울 때마다 남편은 아내에게 허락을 받았다. 그리고 버리고 싶다는 마음을 우리에게 표현할 때와는 달리 끊임없이 아내 눈치를 보았다. 또 아내 마음을 다치게 하고 싶지 않다는 의지를 보였기 때문에 아내 상태가 심리적인 병이라는 걸 남편분이 잘 아는 듯했다. 반나절 동안 물건들을 비우고 난 후에야 비로소 주방 옆 베란다로 나가는 문이 열렸고 방바닥이 드러났으며 무너질 듯 쌓여 있던 거실의 불안감이 사라졌다. 물건을 비울 때마다 표정이 굳었던 아내분도 공간의 숨통이 트이는 걸 보자 싫지 않은 내색이었다. 그리고 누구보다 가장 기뻐한 사람은 남편과 이웃 주민들이었다.

　　물건에 심한 애착을 보이고 버리는 것에 극도의 불안함을 보인 아내는 저장강박증이었다. 저장강박증은 많은 심리적 충돌이나 트라우마 등 다양한 원인으로 시작되기 때문에 깊은 심리적 통찰을 거치지 않으면 정확한 이유를 찾기 어렵다. 다만 마음의 병에서 오는 물건에 대한 비정상적 애착만으로 보면 공유할 수 없는 가족의 이슈가 있었을 것이다. 물건이 가득 채워져 있던 거실이 모습을 드러내자 부부의 웨딩 사진이 보였다. 선남선녀의 보기 좋은 모습은 지금의 불편한 표정과 분위기와는 사뭇 다른 모습이었다. 그다지 오래 지나지 않은 시간 동안 아내에게 도대체 무슨 일이 있었던 걸까? 의구심이 들었다. 아내분은 결혼 전부터 이렇게 집에 쓰레기를 모으며 살았을까? 아니면 결혼 후 어느 순간 쓰레기를 모으며 살아야만 하는 삶으로 바뀐 것일까?

여자의 삶은 결혼 전과 결혼 후 아주 많이 달라진다. 사랑이라는 이름으로 꽃길만 걸을 것 같다는 기대감을 품고 시작한 결혼 생활은 삶을 다시 배워야 할 정도로 새롭게 해나가야 하는 수많은 일을 겪는다. 평생 잊지 못할 잉태의 신비를 경험하기도 한다. 결혼이라는 새로운 그림은 여자에게 커다란 기쁨과 행복을 선사하지만, 때로는 자신을 잃어버리는 상실감과 우울감에 빠트리기도 한다. 만약 아내분이 결혼이라는 울타리 안에 들어가면서부터 빠져나갈 수 없는 슬픔을 끌어안게 되었다면 분명 그 굴레를 대신할 무엇인가를 찾았을 것이다. 결국 쓰레기 같은 물건에 집착하게 되었고 사랑하는 자녀들에게도 주워온 옷을 번갈아 입히면서 그것이 모성애라고 인식하며 위안으로 삼았을지도 모른다.

"아이들에게는 이런 물건이 흉기가 될 수 있어요. 그러니 우리 함께 버려요. 아이들이 즐겁게 놀 공간을 만들어줄게요."

아내분는 물건을 하나씩 비워갔다. 어떤 엄마라도 자녀

에게 가장 좋은 것을 주고 싶다. 어느 누구도 냄새 나는 쓰레기를 입히고 싶은 엄마는 없다. 그러나 아내분은 자녀들에게 주워온 옷들을 아침마다 입히고 주워온 가방을 어깨에 메어주고 등원시켰으며 머리에 예쁜 머리핀도 꽂아주었다.

 아내에게 주워온 물건들은 쓰레기가 아니었다. 삶을 지탱케 해주는 애정 어린 물건, 소중한 물건이었다. 그것 하나만으로 저장강박증 환자들의 마음을 공감해주어야 한다. 우리에게는 쓰레기일지 몰라도 누군가에게는 사랑하는 사람과 나눌 수 있는 소중한 물건이다. 그래서 버릴 수 없고 그래서 더 모아서 마음을 채워야 한다는 것을 깊이 공감해주어야 한다. 그들이 이 물건이 버려질 때 느끼는 상실감을 무시한 채 단번에 물건을 치워버리는 극단적인 방법을 사용하지 말아야 한다. 가장 소중한 것을 비움에서 찾을 수 있음을 따뜻하게 안내해주며 물건을 하나씩 비울 수 있도록 가족과 이웃들이 보듬어주어야 한다.

 엄마의 사랑이 있었기에 주워온 옷을 입혔고 엄마의 사랑이 있었기에 안전한 아이 공간을 만들어주기 위해 정리할 수 있었다는 사실이 우리가 알아야 할 그들의 마음이다.

먼지가 수북한 공간에서도
예쁜 향초를 피우고 싶었던 소녀

향이 퍼지는 순간만큼은
먼지 냄새가 묻히기를 바라며

여자들만 사는 집은 저마다 그럴 만한 여러 사정이 있다. 딸만 있는 홀로된 어머니 가족, 독립해서 함께 사는 자매의 집, 그리고 친구들과 룸메이트가 되어 공간을 쉐어하는 집 등 여러 형태로 구성된 여성들 집이다.

봉사하러 갔던 그날 사례자의 가족 구성원은 이러했다. 사례자 여성분, 연로하신 어머니, 그리고 조카딸. 어머니는 치매를 앓고 있었고 조카딸은 지방에서 서울로 올라온 20대였으며, 사례자는 치매 어머니를 요양하며 조카딸을 혼자 뒷바라지하는 미혼 여성이었다.

봉사 가는 당일 아침도 여전히 준비로 분주했다. 봉사자들은 각자 해야 할 일을 생각하며 시간을 갖는다. 그런데 그날 시작은 그다지 순조롭지 못했다. 사례자는 정리하러 방문한 우리를 불청객으로 여기고 돌아가라며 인상을 찌푸렸다. 정리봉사는 주변 권유와 요청으로 이루어지기도 한다. 더욱이 이렇게 정리가 어려운 상황에 처한 가정은 주변의 도움으로 정리를 받게 된다. 거동이 불편한 연로한 치매 어머니를 돌보면서 집 정리를 한다는 것은 당연히 쉽지 않은 일일 것이다. 그저 보이면 바로 사용할 수 있는 상태가 가장 본인에게 적합한 시스템이었을지도 모른다.

막상 이웃 권유로 정리하기를 수락했지만, 낯선 사람들이 집에 들어와 내 물건을 정리하고 내 민낯을 보며 가정사를 들여다보는 것은 여간 불편한 일이 아닐 수 없을 것이다. 그냥 돌아가기를 바란다는 그녀에게 우리는 최선을 다해 설득을 시도했다. 먼저 당신의 불편한 마음을 우리가 너무 잘 알고, 많은 인원이 몰려와 아침부터 분주하게 소란을 피워서 죄송하다는 말을 전했다. 그리고 우리도 사는 모습이 다 똑같음을 나누며 서서히 마음을 열도록 도와주는 것뿐이라는 점을 강조했다. 거듭된 설득으로 사례자는 결국 마음을 열었고 우리는 집 안으로 들어설 수 있었다. 각자 구역을 나누어 정리를 시작했다. 작업이 거의 끝나갈 무렵에는 밝아진 얼굴로 청소기를 들고 집 안 구석구석을 청소하며 좋은 마

보이는 대로 쌓아놓은 짐들

거동이 불편한 연로한 치매 어머니를
돌보면서 집 정리를 한다는 것은
당연히 쉽지 않은 일이다.

음을 드러낸 사례자의 모습에서 포기하고 돌아서지 않았음에 뿌듯함을 느꼈다.

누구나 자신의 치부를 드러내는 것은 유쾌한 일이 아니다. 더군다나 집안의 힘든 사정이야 말할 것도 없고, 소위 쓰레기장 같은 자기 집을 드러내는 것은 벌거벗은 자기 모습을 드러내는 것만큼 창피해한다. 그래서 무조건 거절하는 방어기제를 드러내거나 때로는 지나온 삶의 이야기를 풀어놓으며 정리할 수 없었던 이유를 장황하게 들려주기도 한다. 하지만 정리전문가들은 그 어떤 상태의 집을 보더라도 비난하거나 집주인을 평가하지 않는다. 그럴 수 있는 첫 번째 이유는 사실 전문가들도 정리가 어려워 정리를 배우다가 전문가가 된 경우도 있고, 많은 집을 다니다 보니 이제는 아무리 더럽더라도 다른 정리 안 된 집들과 별반 달라 보이지 않기 때문이다. 어쩌면 집에 신경도 쓰지 못할 만큼 열심히 살아가는 것은 아닌가 생각이 든다. 그러니 자신을 방어할 만큼 부끄러운 일이 아니라는 걸 알았으면 한다.

사례자 딸과 어머니의 물건을 두 사람과 함께 대화하며 하나씩 천천히 비워나갔다. 그런데 그날 조카딸은 집에 없었다. 당사자가 없었기에 직접 조카가 사용하는 방을 정리하러 들어갔다. 물건은 그 사람의 현재 살아가는 모습과 때로는 취향을 담기도 한다. 옷을 정리하다가 예쁜 발레 연습복과 슈즈를 발견했다. 대학생이라는 조카는 아마도 무용을 전공하고 있는 학생으로 보였다. 예쁜 옷이 특히 많았는데 특이하게도 자신의 신발을 모두 방으로 가져와 보관하고 있었다. 아마도 신발장에 수납공간이 부족해서였을 것이다. 다른 이유가 있다면 한집에 살지만, 독립된 자신만의 공간을 꿈꾸며 만들어놓은 자기만의 또 다른 집이었을 수도 있다.

신발이 들어와 있는 방은 옷들과 뭉쳐서 뒤죽박죽 쌓여 먼지가 수북했다. 발 디딜 틈도 없어 여학생의 방으로는 보기 어려운 상황이었다. 딸을 키우는 엄마로서 내 딸 방을 정리하듯 애정을 담아 먼지를 털어내고 손상된 옷들은 비워낸 다음 입을 만한 옷을 골라 예쁘게 개어주었다. 책상 위에 한가득 있던 화장품들을 서랍 안에 나란히 정리해주었다.

먼지가 수북했던 방 한 켠에 예쁜 향초들이 보였다. 초를 피운 지 얼마 되지 않았다는 걸 알 수 있는 흔적들이 남아 있었다. 아니 이렇게 먼지가 가득하고 잡동사니로 발 디딜 틈 없는 공간에서 향초를 피우다니, 무엇을 위해서란 말인가……. 예쁘게 꾸미기 좋아할 나이에 과연 이곳은 그녀에게 어떤 공간이었을까?

인간은 누구나 아름다움을 추구하고 또 아름다운 공간을 꿈꾼다. 특히 여자라면 더욱 그렇다. 그러나 꿈꾸는 대로

방 안에 쌓인 신발들

신발이 들어와 있는 방은 옷들과 뭉쳐서 뒤죽박죽 쌓여 먼지가 수북했다. 발 디딜 틈도 없어 여학생의 방으로는 보기 어려운 상황이었다.

실현하기가 쉽지 않다. 그렇다고 해서 아름다움을 꿈꾸는 본능적인 마음이 사라지는 것은 아니다. 언젠가는 피울 수 있는 향초처럼 마음속에 잠재되어 있다. 그래서 초를 모아놓고 불을 켰을 것이다. 나의 방이 아름다운 공간이 되기를 꿈꾸며 향초 하나가 피워질 때 그 순간만은 주위가 아름다워지고 좋은 향 속에 먼지 냄새가 묻히기를 바랐을 것이다.

모든 정리가 끝난 방은 새로운 공기를 불어 넣어준다. 비워진 물건과 함께 쓸려나간 먼지처럼 마음이 정돈되고 정갈한 공기가 느껴지며 깔끔해진 공간에 작은 꽃이라도 한 송이 올려놓고 싶어진다. 그것이 정리라는 리추얼을 통해 얻어지는 힐링이다.

정돈된 화장대 옆에 향초와 작은 소품들을 모았다. 그리고 예쁘게 놓아주고 방을 나오면서 마음속에 메모를 남겼다. 이제는 깔끔해진 공간에서 좋아하는 음악을 들으며 근사하게 향초를 피워 향기 가득한 방으로 가꾸어가기를 바란다는 메모를 말이다.

정돈된 소품 공간

이제는 좋아하는 음악을 들으며 근사하게 향초를 피워
향기 가득한 방으로 가꾸어갈 수 있다.

혼자 다 먹지도 못하는데
과일 청을 가득 담그던 어머니

**사람들과 소통하고
마음을 전하는 선물**

"혼자 오랫동안 사신 분이라 짐이 많을 것도 같은데……, 일단 상담해보세요."

한동안 정리전문가 일을 쉬고 계시던 선생님에게 부탁 전화가 왔다. 집 정리를 하고 싶어 하는데 홀로 비용을 다 감당하기가 어려울 것 같다는 전화였다.

집을 정리하는 데 비용이 얼마나 드는지 묻는 질문은 고객들이 돈을 준비하기 위해 묻는 것이기도 하지만, 사실 남에게 정리를 맡긴다는 것이 아직 낯선 사람들의 단순 궁금증이기도 하다. 그것도 그럴 것이 정리전문가라는 직업을 가지기 전까지는 나 역시 돈을 주고 정리를 맡긴다는 게 선뜻 이해하기 어려웠다. 정리컨설팅 비용은 평수만으로는 견적을 내기가 어렵다. 평수와 상관없이 정리가 필요한 짐들의 양과 공간 재구성, 난이도에 따라 많은 차이가 있기 때문이다.

　이번에 의뢰받은 고객의 집 역시 평수는 미리 알고 준비했지만, 실제 상황을 보지 못한 상태였기 때문에 정확한 견적은 파악하지 못했다. 방문 전 통화했을 때 고객분 목소리가 참 듣기 좋았다. 차분하고 부드러운 노년 여성의 목소리였는데 직접 마주한 얼굴도 목소리처럼 미인이었고 또 멋쟁이 어머님이었다. 자리에 앉자마자 마실 것을 주기 시작하더니 무엇인가를 계속 내오는 바람에 죄송한 마음으로 거절하지 못하고 음료와 간식을 잔뜩 먹으며 상담을 시작했다.

　이 어머님 고객은 살아온 지난날 이야기를 한 시간 넘게 털어놓았다. 남편과 이별한 후 홀로 키운 아들은 먼 타국에 있고 지금 살고 있는 집에서 혼자 생활한 지 20년이 넘었다고 했다. 13평 크기의 집에 살림이 빼곡하게 채워져 있었다. 베란다 쪽에도 창문을 열기 힘들 만큼의 물건들이 문을 가로막고 있었다. 방 두 개 중 창고 방 하나를 말끔히 비워서 모든 방을 사용할 수 있었으면 했고, 베란다 창문을 자유자재로 열었으면 좋겠다는 생각을 하면서 상담을 마쳤다. 이분 집을 정리·정돈하기 위한 비용은 적지 않게 산출되었다. 묵은 짐들은 꺼내기 시작하면 화수분처럼 계속해서 나오는 데다 평수가 작은 집일지라도 적은 인원이 작업하면 하루 만에

베란다를 가득 채운 물건의 정체
제조일자를 확인할 수 없는 과일 청들과 간장, 된장 등 발효식품이 가득 쌓여 있다.

일을 마치기 어려운 경우가 많다. 예상보다 훨씬 많은 비용이 나오자 어머님은 바로 결정을 내리지 못했고 작업은 기약 없이 미루어야 했다.

정리컨설팅 회사를 운영하며 생기는 수익 중 일부는 어려운 가정의 경제적 지원과 정리라는 재능기부로 환원한다. 일부 가정은 여러 경로로 무료 재능기부를 받게 되는데 경제적, 육체적, 심리적 어려움으로 살아가는 가정이 대부분 선정된다. 이번 고객은 상담 후 재능기부로 도움을 드리는 쪽으로 결정하게 되었다. 고객이 먼저 정리컨설팅을 요청했지만, 높은 비용을 지불할 능력이 없는 독거노인이기도 하고 또 몸이 불편한 탓에 여러 힘든 상황에 놓여 있다고 판단했기 때문이다.

컨설팅이 재능기부로 바뀐 사례자 집을 정리하러 가는 날엔 보슬비가 내렸다. 다행히 물건을 외부로 배출할 때는 비가 그치고 맑은 하늘이 모습을 드러냈다. 사전상담 때 봤던 베란다를 가득 채운 물건들을 하나씩 비우면서 그 물건들의 정체를 알게 되었는데, 바로 과일로 담근 청들과 간장, 된장 등의 발효식품들이었다. 베란다가 비워지자 보일러가 있는 작은 공간이 열렸다. 놀랍게도 그곳에는 더 많은 발효식품들이 보관되어 있었다. 언제부터 문을 열지 못했는지 알 수 없으니 보관되어 있던 식품들은 먹을 수 없는 것임이 분명했다. 과일 청과 발효음식이 담긴 병은 수십 개가 넘었다.

　이렇게 협소한 공간에 어떻게 다 보관되어 있었을까 싶을 정도로 넘쳐났던 이 식품들은 반입 날짜나 유통기한 등이 전혀 확인되지 않았기 때문에 안전과 정리를 위해 배출하는 쪽을 권했다. 하지만 사례자는 혼자 다 먹지도 못할 이 많은 양의 식품들을 쉽게 배출하지 못했다. 일부만 버려졌을 뿐, 병들을 다시 수납하기 위해 공간을 또 만들어야 하는 상황이 된 것이다.

　어머님은 드시지도 못할 이 음식들을 왜 가지고 계신 걸까? 이분 집에 도착한 당일 아침 어머님은 나를 조용히 부르시고는 물건들과 섞이면 안 되니 먼저 차에 실어놓으라며 매실로 담근 청 두 병을 건넸다. 그리고 상담 오던 날에도 계속해서 무엇인가를 주고 싶어 했고 청소 중에도 계속해서 동네 사람들이랑 나눠 먹으면 된다는 말씀을 하셨다. 이분에게 이 모든 과일 청과 발효음식은 음식이 아니라 사람과 소통하고 마음을 전하는 선물이었던 것이다. 물론 오래되고 넘쳐나는 음식을 다 나누지 못할 거다. 누군가에게 언젠간 줄 수 있는 소중한 안심 장치일 뿐일지 모른다. 하지만 그렇다한들 이 모든 걸 버리라고 강요하는 것은 혼자 살아가는 외로운 삶 속에서 유일하게 사람들과 정을 나누고 관계를 이어나가

어머님만의 개인 장독대

집에 있는 가구를 활용해 선반을 만들고 항아리와
청이 담긴 보관병들을 하나씩 수납했다.

는 매개체를 빼앗는 것과 다를 바가 없다는 생각이 들었다.

　다만 어떻게 잘 보관해야 하는지가 고민이었다. 보일러실이 상당히 큰 공간이었고 창문이 있어 환기도 잘될 거라는 생각에 그곳에 작은 장독대를 만들기로 했다. 집에 있는 가구를 활용해 선반을 만들고 항아리와 청이 담긴 보관병들을 하나씩 수납했다.

　정리가 마무리되면서 주방이 깔끔해졌고 창문이 있는 창고로 사용할 수 있는 또 하나의 여유 공간이 생겼다. 어머님이 가장 기뻐하고 좋아한 부분은 작은 장독대였다. 보자마자 함박웃음으로 마음을 표현하셨는데, 그 웃음은 깨끗하고 편해져서가 아니라 더 적극적으로 누군가와 소통하며 정을 나눌 수 있음에 안도하는 웃음이었을 것이다. 앞으로도 다 먹지 못할 과일 청을 계속해서 담그시겠지만, 오랫동안 건강한 모습으로 마르지 않는 이웃과의 정을 나누시길 바라본다.

침대방을 가지고 싶었던
꿈 많은 소년

"침대방이 있었으면 좋겠어요.
침대에서 자고 싶어요."

    신체적으로 거동이 어려운 장애가 있다면 정리는 특히나 어려운 일이다. 한 장애인복지관을 통해 이와 같은 가정에 도움을 드리게 된 일이 있었다. 비슷한 봉사활동을 여러 차례 했지만, 이 가정은 가족 중 한 사람이 장애를 가진 경우가 아닌 자녀 한 아이만 정상 판정을 받고 다른 네 가족이 모두 지적장애 판정을 받은 가정이었다. 따라서 소통과 컨설팅을 준비하는 과정 모두 복지사의 도움을 받아 진행할 수밖에 없었다. 이번 활동은 특별하게도 심리 상담을 해주는 기관과 함께 진행하게 되어서 집 정리와 심리 상담까지 연계하는 봉사로 이어지게 되었다.

    사전 상담을 갈 때도 복지사와 동반했다. 집에는 10살짜리 초등학교 남아와 엄마, 그리고 시어머니가 계셨고 아이 누나는 중증장애로 기관에서 보호받고 있었으며 아이의 아빠는 일 때문에 집을 자주 비운다고 했다. 상담 내내 가족들은 결과를 기대하는 눈치였다. 집은 겉으로 보기에는 깔끔하고 물건이 많아 보이지 않았지만, 세 가족이 공간을 쓸모 있게 사용하지 못한 채 방 하나로 모두가 생활하고 있는 부분이 안타까웠다. 집 정리를 해드리러 왔다고 하니 시어머니는 계속해서 벽지를 바꿔달라, 청소해달라 끊임없이 요청하셨다. 그래서 벽지도 복지관의 도움을 받기로 했다. 뿐만 아니라 어떤 심리 상담이 가족 구성원 각자에게 가장 필요한지 대화를 이끌어갔다. 인상 깊었던 것은 이 집에서 가장 갖고 싶었던 공간이나 물건이 무엇이냐고 가족에게 질문하자 조금의 망설임도 없이 내뱉은 아이의 대답이었다. "침대방이요. 침대에서 자고 싶어요."

　아이의 엄마는 조금은 어눌한 말투였지만 아이에게 간식을 데워줄 수 있는 전자레인지가 갖고 싶다고 대답했다. 사용하지 못하던 작은방 하나에 과연 침대를 놓을 수 있을까 걱정스러웠지만, 아이에게 "그래, 꼭 침대방을 만들어줄게"라고 대답하고 상담을 마쳤다.

　문을 열면 바로 벽이 보이는 2평 남짓한 방이 계속해서 눈에 아른거리며 어떤 침대를 어떻게 놓아줄 것인지 고민했

개인 공간을 침범한 각종 살림살이
세 가족이 공간을 쓸모 있게 사용하지 못한 채
방 하나로 모두가 생활하고 있는 부분이 안타까웠다.

다. 그러다 방 사이즈에 딱 들어맞는 침대를 찾아냈을 때의 기분이란 정말 퍼즐 조각을 완성했을 때의 희열과도 같았다. 무사히 방에 침대가 들어가기를 기도하며 정리 현장으로 배송될 침대를 주문해두었다. 본격적으로 정리가 시작된 날, 상담 때 만나지 못했던 아이의 아빠가 있었다. 누구보다도 우리를 반겨주었던 아빠는 보자마자 자신은 모든 걸 다 버리기를 각오했다며 정리하는 데 도움을 주겠다는 굳은 의지를 보였다. 자연스러운 소통이 가능할 정도로 아빠는 중증 장애를 가지고 있지 않았다. 순조롭게 아이의 아빠와 물건을 선별하고 각 섹션별로 나누어 정리가 시작되었다. 하지만 가구를 옮기고 옷장을 열고 옷을 빼고 물건을 하나씩 비울 때마다 봉사자들은 여러 번 소스라치게 놀라 작업을 멈추는 일이 발생했다. 집 안 구석구석까지 가득 퍼져 있는 바퀴벌레들 때문에 도저히 물건들을 쉽게 만질 수도 다시 정리해서 넣어줄 수도 없는 상황이었던 것이다.

아이 아빠는 이미 이런 상황을 잘 알고 있었다. 그래서인지 재빨리 옷과 물건들을 봉지에 담아서 버려야 한다며 적극적으로 물건 비우기를 도왔다. 가구를 들어낼 때마다 더 많은 바퀴벌레들이 있음을 확인하면서 빠른 속도로 물건들을 비워갔다. 이렇게 집에서 나온 살림살이는 13평에서 나온 물건들이라고는 생각지도 못할 양이었고 옷은 물론 신체에 닿는 물건들은 전부 배출해야만 했다. 벌레가 옷가지에도 알을 까두기 때문에 절대 다시 입어선 안 된다. 가족들은 꽤 오랜 시간 이렇게 지냈다고 했다. 방역이 시급한 가정이었기에 정리를 마치면 복지관을 통해 방역과 도배가 지원될 예정이었다.

작은 방에는 그동안 누구도 손대지 않은 채 방치되었던 물건 보따리가 많이 쌓여 있었다. 자리만 차지할 뿐 특별한 용도로 쓰이지 않는 가구가 가득했다. 그래서 작은 방은 아이 방으로 꾸미기로 했다. 불필요한 가구와 물건들을 모두 비우고 아이가 꿈꾸던 침대 방을 만들기 위해 비워진 방을 깨끗이 청소하고 침대를 조립했다. 방의 폭과 아슬아슬하게 맞았던 침대가 별 탈 없이 잘 들어맞기를 바라면서.

조금의 오차도 없이 잘 들어맞은 침대, 너무 기뻤다. 좁은 공간을 활용하기 위해 벙커 침대로 준비했고 하단에는 아이가 공부하며 장래희망이라는 유튜버의 꿈을 키워주기 위한 책상이 놓여졌다. 특별히 침대에 네 가지 컬러가 빛나는 코튼볼 램프를 감아주고 이곳에서 반짝반짝 빛나는 코튼볼처럼 희망의 꿈을 잃지 않고 건강하게 살아가기를 기도했다.

새롭게 바뀐 침대방을 본 아이는 너무 놀라서인지 커다

작은 방에 방치된 물건들
아이가 꿈꾸던 침대 방을 만들기 위해 물건을 비우고 깨끗이 청소했다.

좁은 공간을 활용한 벙커침대
침대에 코튼볼 램프를 감아주고 반짝반짝 희망의 꿈을 잃지 않고 건강하게 살아가기를 기도했다.

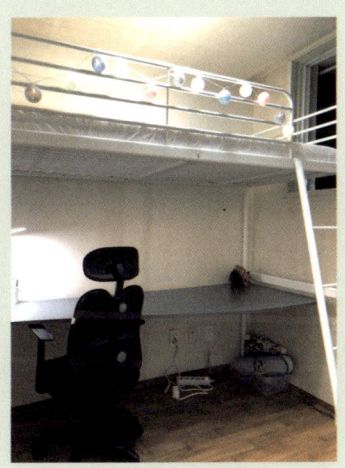

란 눈을 그저 깜박거리며 이게 자기 방이 맞는지만 되물었고 재빨리 계단으로 올라가 침대 위에 누워보고는 그제야 함박 웃음을 지었다. 가족들도 모두 기뻐하고 행복한 웃음을 보였던 아이의 침대방은 그렇게 한 아이의 꿈을 위해 새롭게 만들어졌다.

아이 엄마가 원했던 간식을 데우는 전자레인지가 주방에 놓였다. 우리는 사전 상담이 있었을 때 장애 가족 안에서 꽃처럼 예쁘게 자라고 있는 아이의 미래를 위해 아이의 심리 상담을 해 주어야겠다고 의견을 모았다. 하지만 그동안 아이 엄마가 가지고 있는 우울감을 보면서 아이 엄마 아빠가 함께 부부 상담을 통해 더 나은 삶을 살 수 있도록 도와주어야겠다고 결정하고 상담을 연계했다.

부부는 매주 손을 잡고 상담을 받으러 가게 되었다고 한다. 공간의 불편함으로 남편과 함께하는 시간이 줄어들면서 찾아왔던 우울증이었기에 부부 상담을 받으러 가는 시간만으로도 힐링이 된다는 소식을 들었다. 어느 날 이 가족에게 정리라는 빛이 떨어졌다. 그 빛은 부부가 회복하는 기회를 주었고 한 아이의 꿈을 지지해주는 공간이 되었다. 그 하나만으로도 우리는 이 가정을 정리해준 일을 두고두고 가슴에 품고 기억할 것 같다.

폐질환을 앓으면서도
운동을 멈추지 않던 남자

*"몸이 불편해도 나는 운동을
쉬지 않고 해야 하오."*

사람은 두 가지를 염려하며 사는 경우가 많다. 하나는 돈, 또 하나는 건강이다. 그중 건강 문제는 우리가 예측하지 못하는 가운데 쓰디쓴 고통을 가져다주는 순간이 오기도 한다. 그래서 건강을 잃으면 물질적으로 소유한 것들까지 내려놓고 싶어지는 상실감을 갖게 되므로 건강을 잃으면 모든 것을 잃는다고들 많이 이야기하는 것이 아닐까 싶다.

정리컨설팅을 의뢰한 이 가정은 1인 가족이었다. 중년을 훨씬 넘긴 나이의 남성분이 혼자 거주하는 집이었는데 크기는 그리 좁지 않은 21평이었다. 이 고객은 재택근무를 했기에 식사는 거의 안에서 해결했고 주방과 집 곳곳에 물건이 꽤 많았지만 정리를 의뢰할 정도는 아니었다.

그렇지만 좀 더 건강하게 살고 싶은 마음에 정리를 요청했다고 하는데 그 이유가 이분이 폐질환을 앓고 있었던 것이다. 오랫동안 외출하지 않은 채 집에서 업무도 보고 건강을 관리해온 듯했다. 집에는 의료용 산소통이 있었는데 아마도 호흡이 불편할 때마다 사용하는 용도 같았다. 그리고 당연하게도 건강식품들과 식재료들이 많았는데, 자주 챙겨 먹는 것들이니 모두 잘 보관해달라고 당부받았다.

그런데 의아하게도 건강이 좋지 않아서 생활이 불편한 분인데, 거실 공간을 가장 많이 차지하고 있는 물건이 다름 아닌 운동기구였다. 아령과 덤벨 등 보기에도 운동량이 많이 필요한 기구들이었는데 아마도 몸 상태가 좋았을 때 사용했던 것 같았다. 고객이 환자라면 특별히 더 신경 써서 집 구조를 짜야 한다. 그래서 가급적 자주 사용하는 물건은 주로 생활하는 재택근무 방으로 자리 잡고 최대한 동선을 짧게 해드리는 구조로 만들었다. 그리고 사용하지 않는 운동기구가 거실 중앙에 자리 잡고 있어서 거실 사용이 불편해 보였고, 베란다로 나가는 통로를 가로막고 있다는 생각에 운동기구를 비울 것인지 아니면 방 안쪽에 보관할지 의견을 나누었는데 뜻밖의 대답이 돌아왔다. "지금 이렇게 몸이 불편해도 나는 운동을 쉬지 않고 해야 하오. 그러니 거실에서 제일 잘 보이는 곳에 놓아주시오."

거실에 널브러져 있는 운동 기구들

건강이 좋지 않아서 생활이 불편한 분인데,
거실 공간을 가장 많이 차지하고 있는 물건은
다름 아닌 운동기구였다.

운동을 계속해도 괜찮은지를 물어야 했지만, 그러기에는 고객님의 의지와 대답이 너무 확고해 보였기에 물어볼 기회를 놓쳐버렸다. 그리고 원하는 대로 거실 중앙에 통로를 막거나 전처럼 거실 사용이 불편하지 않는 선에서 자리를 배치했다.

이분은 정리된 다른 어떤 공간보다 새롭게 배치된 운동기구를 보면서 가장 만족해했다. 나는 컨설팅이 마무리되고 집밖을 나서는 순간까지도 운동기구에 대해 언급하지 않았다. 사실 정말 운동을 해도 괜찮은 건지 묻고 싶었지만, 확고하게 운동기구를 잘 놓아달라고 말할 때 이미 고객님 본인의 자랑으로 여겼던 건강을 잃은 것에 대한 상실감과 또 건강을 찾고 싶은 의지가 강하게 있음을 단번에 알 수 있었기 때문이다.

사실 운동을 매일 할 수 있는지 없는지는 중요하지 않았다. 다만 고객님이 가장 아꼈던 운동기구를 정말 이제 치워야겠다고 마음먹는 순간이 오지 않기를 바라고, 운동기구가 절망의 물건이 아닌 희망의 물건이 되기를 바랄 뿐이었다.

사람들 대부분은 물건이 주는 의미를 모르고 지나친다. 어쩌면 달라질 내 미래를 꿈꾸며 그 물건을 비우지 못할 때가 많다. 여자들이 55사이즈를 입던 시절을 기억하며 지금

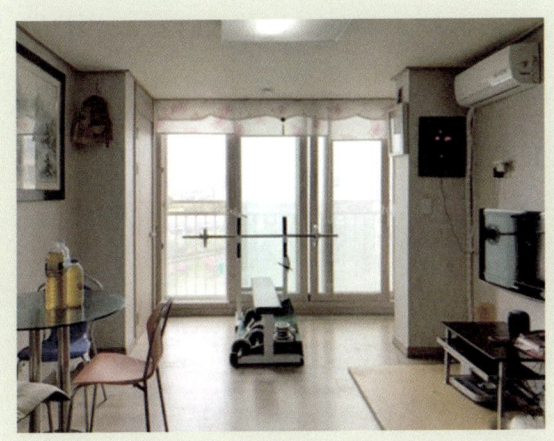

새롭게 배치된 운동기구
"거실에서 제일 잘 보이는 곳에 놓아주시오."

77사이즈가 되어 맞지 않는 그 시절의 원피스를 버리지 못하고 다시 입게 될 날을 희망하듯 어쩌면 이루지 못할 희망을 물건에 담아두고 있는지도 모른다. 물건을 비우는 것은 물리적인 공간을 찾기 위한 과정이기도 하지만 물건이 담고 있는 마음의 모습을 더 나은 상태로 돌려놓기 위한 과정이기도 하다. 만약 물건을 보관하는 의미가 희망고문이 된다면 과감히 물건을 비우고 현실에서 맞이하는 새로운 환경에 적응하는 것이 훨씬 치유적이다. 그러나 물건이 주는 의미가 위 사례자처럼 살아갈 이유를 주는 원동력이라면 가장 소중한 공간에 매일 마주하도록 놓아두는 것이 좋다. 우리의 물건은 이렇듯 내 삶과 마음을 반영하는 것이다.

아이를 지키고 싶었던 엄마라는 이름

*"아이와 함께 더 자주 눈을 맞추며
많은 시간 함께할 수 있다면."*

언젠가는 인생에서 중대한 결정을 해야 하는 순간이 온다. 아이 아빠 없이 홀로 엄마가 된다는 것, 다름 아닌 미혼모 이야기다. 이와 같은 중대한 결정은 무엇보다도 용기 내어 엄마가 되기로 하는 가장 외로운 선택일 것이다.

미혼모가 양육을 결심하고 자립하기 위해서는 양육, 생계, 가사의 삼중고를 혼자 떠안아야 하는 어려움을 각오한다. 하지만 '엄마'가 되는 순간 삼중고의 고통보다 내 아이를 지키겠다는 더 큰 의지가 발휘된다.

지난해 정리컨설팅을 의뢰한 가정이 있었다. 회사에서 운영하는 에코샵에 아이 옷을 사러 왔다가 정리컨설팅 회사가 운영하는 중고샵이라는 것을 알고 집 정리를 하고 싶다고 찾아왔다. 상담 과정에서 고객이 홀로 아이를 키우는 미혼모 가정임을 알게 되었다. 살림이 그렇게 넉넉하지 못해서 사회적 지원을 받아 생활하고 있었고 직장에서 일할 때는 봉사해주는 분이 아이를 돌봐주신다고 했다. 집 정리가 시급해 보였다. 그렇게 상담을 마치고는 곧 이사 예정이라 나중에 다시 생각해 보겠다고 했지만, 지금이나 이사 후나 비용을 들이기는 쉽지 않은 형편이었기에 어차피 정리컨설팅을 받는 건 무리라고 생각했다. 그래서 회사 사람들과 논의 끝에 재능기부 형식으로 이 가정의 정리를 도와주기로 정하고 이사한 집을 재방문하게 되었다.

먼저 아이와 엄마가 어떻게 공간을 사용하고 있는지, 어떤 공간이 가장 필요한지를 살펴보았다. 방이 두 개 있는 주택이었는데 건축된 지 오랜 세월이 지난 집이어서 외풍도 심하고 공간 사용이 효율적인 구조가 아니었다. 네 살짜리 아이는 엄마와 함께 놀고 자고 식사하며 책을 보는, 늘 단둘이 함께하는 시간을 보내는 상황이었다. 둘만의 시간을 위해 공간을 재구성하고 물건을 정리해주어야 하는 집이었다.

그중에서도 주방은 넉넉한 공간이 아니었다. 냉장고 하나를 놓은 상태에서는 식탁을 놓을 수가 없었다. 하지만 무엇보다 아이와 엄마가 마주하며 식사하는 테이블을 만들어주고 싶었다. 그곳은 식사는 물론 아이와 엄마가 함께 책을 읽어도 되는, 다양한 용도로 사용되길 바랐다. 결국 부엌이 아닌 거실에 테이블을 놓기로 했다. 그리고 그 위에 너무 밝은 불빛이 불편해서 비닐을 씌워놓았다는 형광등을 떼고 예쁜 식탁 등을 달아주었다. 이제는 작은 상을 여기저기 옮겨 다니며 밥을 먹는 불편함이 없어졌다. 아이 엄마는 너무나 좋아했고 아이도 무척이나 신이 나 보였다.

  집에 들어서자마자 보였던 키 큰 책장도 옮기고 싶었다. 아이가 아직 어리기 때문에 높은 책장보다는 낮은 책장을 사용하는 편이 안전하고 아이가 직접 책을 꺼내기에도 좋다. 천장까지 닿았던 책장을 옆으로 돌려 놓아주기로 하고 위치도 바꿔서 넓은 거실을 만들어주기로 했다. 그런데 한 가지 염려되는 것이 있다고 했다. 책장을 그 자리에 놓은 이유는 집주인이 달아놓은 큰 거울을 가리기 위해서라고 했는데, 풍수지리상 거울이 보이지 않는 것이 좋다는 소리를 들었기 때문이라는 것이다. 그러면서 조금 걱정스러운 표정으로 서 있던 엄마에게 이야기했다. 공간은 사용하는 사람이 편안하고 행복하다면 그게 최고인 것이고 책장을 안전하게 옮긴 다음 큰 거울이 보이면 도리어 아이가 거울을 보며 춤도 추고 노래도 하면서 즐거운 놀이 공간으로 변할 것이니 걱정하지 않으셔도 된다, 라고 말이다.

벽면 거울을 가리기 위해 꽉 차게 세워둔 책장
거울이 보이면 도리어 아이가 거울을 보며 춤도 추고
노래도 하면서 즐거운 놀이 공간으로 바뀔 것이다.

그렇게 설득한 후 책장을 이동시키니 넓은 거울이 모습을 드러냈다. 그리고 거실 한 켠에 따뜻한 램프가 달린 식탁 공간이 만들어졌다. 다행히 정리를 다 마칠 때쯤 보육시설에서 돌아온 아이가 정리된 집을 보고 가장 좋아했던 공간은 바로 거울 앞이었다. 마치 내가 한 이야기를 들은 것처럼 거울 앞에서 노래하며 춤추며 자기 모습을 보며 매우 즐거워했다.

정리한다는 것은 단순히 물건을 비우는 것보다 훨씬 더 큰 의미를 가지고 있는 리추얼이다. 물건을 정리하면 숨겨진 공간이 드러나고 그곳은 새롭게 재탄생되어 재택근무 공간이 되고 취미 실현 공간이 되고 때로는 놀이 공간이 된다. 삶에 필요한 공간의 역할을 찾아주는 것이 정리의 힘이다. 단순히 물건을 가지런히 하는 것이라고 생각해서는 안 된다. 이 가정은 정리로 엄마와 아이가 더 자주 눈을 맞추며 함께할 수 있는 테이블 공간이 생겼고 아이가 자기 모습을 보면서 더욱 자신을 사랑할 수 있는 거울이 있는 놀이 공간이 생겼다. 이들에게 정리는 엄마라는 이름으로 아이를 지키고 싶었던 그 용기에 찬사를 보내듯 엄마와 아이에게 특별한 공간을 선물해준 것이 아니겠는가.

둘만의 시간을 위한 카페 같은 공간으로
예쁜 식탁 등 아래에서 식사는 물론 아이와 엄마가 함께
책을 읽는 공간으로 사용되길 바라며

옷이 넘치고 넘쳐도
또 사고 싶은 여자

"입지 않는 옷이라도
쇼핑을 멈추지 않을 거예요."

정리컨설팅을 의뢰할 때는 전화 상담을 1차로 진행하고 방문견적 약속을 잡아서 직접 방문을 한다. 그런데 방문 견적이 어려운 상황인 경우는 사진이나 영상을 통해서 견적을 산출하기도 한다.

옷을 정리하고 싶다던 이번 고객은 방문 견적은 어렵다고 해서 사진으로 견적을 요청했다. 사진으로 견적을 요청할 때는 옷장이나 가구 문을 모두 열어 물건 양을 파악할 수 있어야 하고 방 크기와 세간이 다 보일 수 있어야 정리를 위한 전문가 인원 배치와 필요한 물품들을 정확하게 준비할 수 있다. 고객이 보내준 사진은 마스터룸에 있는 옷장, 개별적으로 사용하고 있는 옷방이었는데 옷이 적지 않아 보였다.

사진으로 보이는 옷 외에 더 있는지 물었으나 분명 이게 다라고 했다. 하지만 막상 전문가들과 함께 고객 집을 방문하자 사진으로 보이는 건 극히 일부였고 하물며 숨겨진 또 하나의 작은 옷방이 안쪽에 있었다. 그렇다면 대략 옷의 양은 견적 당시 예측했던 양보다 두 배가 넘는다고 해도 과언이 아니었다.

고객들이 사진을 보낼 때 대부분 견적을 보는 시선으로 찍지 못한다. 그렇기 때문에 그만큼 감안하고 준비한다. 어찌되었든 이번 집은 고의였든 누구의 실수였든 무엇보다 오늘의 정리가 잘 마무리되도록 하는 것이 우선이었다. 그래서 전문가를 한 명 더 추가하고 부지런히 정리를 시작했다. 다른 물건과 마찬가지로 옷 역시 입을 것과 입지 않을 것을 분류하고 비우는 과정을 먼저 진행한다. 뭐든지 고객과 의논하면서 정리가 이루어지는데 옷감이 손상된 옷이나 입지 못할 옷이면 모두 배출하고 자주 입거나 보관용인 경우 그리고 계절과 종류별로 분류하여 정리한다. 버리기엔 아깝지만 보관하지 않을 옷은 기부하는 곳에 보낸다. 그런데 고객 옷은 반나절이 지나도 끝나지 않을 만큼 끊임없이 나왔다. 그중 아직 미개봉 상태의 옷들도 많았고 같은 옷에 색상만 다른 옷이 너무 많았기에 그중에 어떤 옷을 선택할지도 한참을 고민해야 했다. 남편 옷은 어디에 있는지 보이지 않았고 본인 것만 정리하는데도 아침에 시작한 옷 정리가 밤이 돼서야 끝날 수 있었다.

한 사람 방에서 많은 양의 옷이 배출되었다. 그리고 일부 옷은 에코샵에 기부되었다. 기부된 옷을 몇 대의 승용차에 나누어 실을 정도로 많은 양이었다. 고객은 그렇게 많은 옷을 정리하면서도 계속해서 옷이 더 들어올 자리를 만들어 달라고 했다. 빙그레 웃으며 아직도 안 입은 옷이 이렇게 많은데 정말 새로 사서 입을 수 있겠느냐고 물었더니 고객님은 옷을 입지 않아도 사는 즐거움이 있고 보는 즐거움이 있기에 쇼핑을 멈추지 않겠다고 단언했다.

옷은 우리에게 어떤 물건일까? 나 역시 옷을 좋아하고 옷이 주는 심미적 즐거움을 만끽하고 싶은 한 여자로서 많은 양의 옷이 있어도 계속해서 사고 싶은 마음이 있다. 그 이유가 꼭 그 옷을 입기 위한 것만이 아니라는 것에 잠시 생각을 머물게 한다.

사람마다 옷을 걸치는 목적이 다를 수 있다. 단지 외부로부터 수치심을 가려주는 도구거나 기후 조건에 맞춰 우리의 몸을 보호해주는 것이라고 여기는 사람도 있을 것이고(이런 생각으로 옷을 입는 사람은 극히 드물겠지만), 장식물의 하나로 여기면서 옷으로 개성을 드러내는 수단이라고 생각하는 사람도 있을 터다. 아마도 이런 생각을 하는 사람들이 더 많

옷장을 가득 메운 옷들
옷의 주인은 옷을 입지 않아도 사는 즐거움이 있고
보는 즐거움이 있기에 쇼핑을 멈추지 않겠다고 단언한다.

을 거라고 생각한다. 그렇다면 옷은 물리적이고 사회적이며 심리적인 상태를 대변하는 물건이라는 뜻이다. 그러니 자신을 표현하는 방법으로 취향과 직업, 기호 등을 나타낼 수 있는 기능을 다하면 되는 것이다. 하지만 과할 정도의 옷을 수집하고 그 옷이 나의 심리적 만족감을 가져다주는 물건이라면 계속해서 다양하게 채우는 것이 맞을 것이다. 그렇지만 마음의 만족을 위해서 옷을 계속해서 모으기에는 우리의 공간은 넣을 수 있는 크기와 구조가 정해져 있다. 집에 옷만 가득 채우고서는 생활해나갈 수 없다. 옷이라는 물건에 기대하는 만족감 수치를 조금씩 다른 데서 채워야 한다. 우리는 충분히 다른 감각을 통해 마음을 만족시킬 수 있는 다양한 기능이 있다. 그동안 옷장을 가득 채우면서 또 새 옷을 사면서 만족했던 옷들과 마주하는 시간이 필요하다. 나에게 옷은 어떤 수단이었는지 질문을 던져본다면 분명 그 답을 얻을 것이다.

고객의 옷장은 많이 비워졌다. 한눈에 볼 수 없었던 옷들이 종류별로 가지런히 정리되니 옷을 선택하는 데 어려움이 사라졌고 옷을 골고루 입어볼 기회가 생겼다. 물론 옷을 더 들이면서 얻는 만족감을 쉬이 포기하지 못하겠지만, 적어도 옷이 옷에 덮여 찾지 못했던 불편함이 사라지고 한 번도 입지 못한 옷들 때문에 답답했던 옷장을 보지 않게 되었다는 것에서는 또 다른 만족감을 맛보았으리라 생각한다. 사람의 오감을 만족시킨다는 것은 채워지는 것에서가 아닌 비워지는 것에도 있다는 것을 느끼는 순간 여자의 옷장이 숨통이 막힐 정도로 가득 채워지는 일은 사라질 것이다.

내가 어떻게 살았는데

"이렇게 좁은 집에
살게 될 줄 몰랐어, 내가."

    요즘은 집을 생활 수단이 아닌 자산 가치로 여기는 사람이 많다. 살아가면서 집 크기를 늘려가는 것을 삶의 목표로 계획하는 사람들을 흔히 볼 수 있다.

    반대로 재정적 곤경에 빠져 현재 사는 집에서 더 작은 집으로 이사를 가야 할 때 역시 좌절감을 느끼는 경우가 있다.

    이번 컨설팅 사례는 모녀 둘이 사는 가정이었다. 두 가족이 살기에 적당한 크기의 집이었지만, 집 크기에 비해 가구들 크기와 물건 양은 과해 보였다. 평수에 비해 가구가 너무 커서 공간을 가득 차지하고 있었고, 생활하는 데 불필요한 물건이 너무 많았기에 공간에 맞는 가구 배치와 물건 비움이 필요한 가정이었다. 곧 이사를 할 계획이라는 모녀는 새집에는 새로운 마음가짐으로 들어가고 싶다고 말했다. 간편한 살림으로 새집을 채우기 위해서는 이사 후 정리보다 이사 전 물건을 비우는 일이 우선이었다. 그렇지 않으면 이사 후 이삿짐 정리에 많은 시간을 보내야 하고 에너지 소모가 상당하기 때문이다. 그래서 요즘은 이사를 계획하면서 정리 컨설팅을 받는 사람이 많아졌다. 이사를 전문 업체에 의뢰하듯이 정리도 전문가들에게 도움을 받는 것이다.

이사 전 정리가 먼저였던 이 모녀의 가정도 1차 비우기 작업에서 정말 많은 물건을 배출했다. 딸이 어려서부터 사용하던 물건부터 어머니가 아끼는 다양한 살림살이까지 비우는 작업만 꼬박 하루가 걸렸다. 어머니는 물건을 하나하나 보실 때마다 거기에 깃든 추억이 떠오르는 듯 한숨을 더했다.

"내가 이 물건을 살 때만 해도 우리 집이 이렇게 작지는 않았지. 이렇게 좁은 집에 살게 될 줄 몰랐어, 내가."

어머니는 물건이 이렇게 많은 것은 집이 작아서라고 여러 번 강조했다. 더 큰 집으로 이사 가면 다 꺼내려 했는데 또 작은 집으로 이사를 가야 하니 어쩔 수 없이 버려야 한다며 상당히 언짢아했다. 하지만 비워지는 물건들은 집 크기와는 상관없이 너무 오래되고 불필요한 물건들이 많았다. 특히 지금 성인이 된 딸이 초등학교 시절에 입던 옷을 가지고

다양한 의미를 담는 물건들

미련이 남는 물건은 다시 그 물건이 가치 있게 쓰이거나
더 나은 공간에서 꺼내질지 모른다는 바람을 담고 있다.

있다는 것은 집이 언젠가 다시 커지면 꺼낼 수 있는 물건들이 아니라 예전에 큰 집에서 살았던 시간에 기억을 멈추고 싶은 마음이 담겨 있을 것이다. 좋은 추억과 슬픈 기억 등 물건은 다양한 의미를 담고 있지만, 그중에서도 '그때 그 시절로 돌아간다면'이라고 생각하는 미련의 물건들이 있다. 미련의 물건은 다시 그 물건이 가치 있게 쓰이거나 더 나은 공간에서 꺼내질지 모른다는 바람을 담고 있는지도 모른다. 돌아갈 수 없는 과거의 그 시간과 물건에 애착을 가지는 것은 현재와 미래의 공간을 풍요롭게 만들어주지 못한다. 지금 내가 있는 공간에서 내가 느끼는 행복한 순간은 집 크기와 상관없이 누구와 어떤 시간을 보내느냐에 달려 있기 때문이다.

어머니와 딸은 물건을 정리하면서 서로에게 물건을 비우라고 했다. 그동안은 어떻게 살았는지 궁금할 정도로 물건을 다 버리라고 서로에게 핀잔을 주었는데, 두 사람의 생각은 조금씩 달랐다. 어머니는 가장 예뻤던 시절 딸의 옷이라고 버리지 못한다면 딸은 이런 촌스러운 옷을 내가 입었다는 사실이 싫다며 버리라고 했다. 같은 물건으로도 서로 이렇게 다른 의미를 갖는다면 이는 모녀 사이를 행복하게 만들어주는 매개체는 분명 아닐 것이다. 그렇다면 버려야 마땅하다. 그리고 모녀 두 사람이 모두 좋아하는 물건만을 남기고 새로운 공간에서 미래를 준비해야 한다. 그것이 이사다. 단순히 다른 집으로 옮기고 그 집의 크고 작음에만 마음을 두는 것이 아니라 그동안 불필요한 물건으로 공간과 좋은 에너지를 빼앗겼다면 과감히 그 물건은 비우고 새로운 공간에서는 새로운 시도를 해야 한다. 반드시 필요한 물건, 가치 있는 물건만을 채워가며 현재 더 행복한 시간이 무엇인지 찾아보는 것으로 이사를 준비하자. '내가 예전에 어떻게 살았는데'라는 미련도 물건에 실어서 함께 비워내길 바란다.

Chapter 4

아직도 정리를
망설이는 당신에게

마혼 살 무렵에는 정리를 시작하자
정리의 첫 단추를 잘 끼우기 위해서는 신혼 살림이 중요하다
세상에서 가장 소중한 아이와 부모를 위한 정리의 경계선
사회에 첫발을 내딛는 청년들을 위한 시간 관리와 정리
아직도 정리를 망설이는 당신에게

마흔 살 무렵에는 정리를 시작하자

현재 우리나라는 노인 인구 비중이 14%를 넘어서며 고령사회에 들어섰다. 이제는 100세 시대라는 말이 현실로 다가왔고, 어떻게 하면 은퇴 후 잘 살 수 있을지, 인생의 후반전을 행복하게 살 수 있을지에 대한 고민이 중요해졌다. 과거에는 결혼하는 동시에 인생 제2막이 시작된다고 말하곤 했지만, 고령사회에 접어들고 기대수명이 늘어남에 따라 이제는 중년에 인생 제2막이 시작된다고들 말한다.

그렇다면 인생 제2막을 위해 무엇을 준비해야 할까. 건강하고 안전하게 살아가는 것, 자녀들에게 재정적으로 의지하지 않고 돈 걱정 없이 살아가는 것이 중요한 것일까? 물론 행복한 노년의 삶을 위해 건강과 돈도 중요하다. 하지만 이와 더불어 죽음에 대한 준비도 중요하다. 죽음이라는 단어를 떠올리기만 해도 자칫 무거운 기운에 짓눌릴 수도 있지만, 자신의 죽음을 준비하는 일이 꼭 무거운 것만은 아니다.

죽음을 준비하는 일에는 남은 가족들에게 남겨주고 싶은 재산이나 물건을 정리하고 버리는 일에서부터 나아가 자신의 행복한 노년을 위해서도 꼭 필요한 일이다. 노년의 삶은 전반적으로 훨씬 더 가벼워져야 한다. 잔뜩 쌓인 물건들로 가득한 집을 관리하느라 소중한 에너지를 소비할 것이 아니라, 가벼운 육체와 홀가분한 마음으로 언제든 가볍게 여행을 떠날 수 있는 환경이 중요하다. 나아가 그동안 이어져 온 복잡하고 불필요한 인간관계를 정리하는 것 역시 중요하다.

그렇다면 인생 제2막을 위한 정리는 언제 시작하는 것이 좋을까? 나는 마흔 살 무렵에는 시작하라고 말하고 싶다. 노년에는 육체나 정신이 약해질 수 있기 때문이다. 이때 하는 정리는 남은 가족에게 남겨줄 유산이나 신변을 정리하는 것이 아닌, 오로지 나 자신을 위한 정리로부터 시작할 수 있다. 지난 세월을 담고 있는 나의 물건과 마주하며 불필요한 물건을 하나씩 비우며 정리해나가는 것이다. 하나씩 비워진 물건을 대신해 새로운 인생을 계획하고 실천해나갈 수 있도록 준비하는 것이 바로 마흔의 정리다.

이제 나이가 들수록 더 많이 소유하는 것이 마음을 든

든하게 하는 시대는 지나갔다. 실제로 나의 부모님은 두 분이 살기에는 불필요할 정도로 넓은 2층 주택에서 사셨는데, 결국 많은 짐을 정리해 작고 아담한 집으로 이사를 가셨다. 이사하기 전, 물건을 정리하고 버리면서 무척이나 홀가분해 하며 즐거워하셨던 기억이 난다. 어쩌면 정리된 물건들은 노년이 되기 전부터 불필요했던 것인지도 모른다. 이유와 목적을 모른 채 버리지 못하고 소유했던 물건들일 뿐, 노년의 삶을 윤택하게 해준 물건들이 아니었던 것이다.

나이가 들수록 미니멀 라이프를 즐겨야 한다. 제2의 인생을 가볍고 활기차게 시작하기 위해 마흔 살 무렵에는 나와 인생을 함께했던 물건들과 마주하고, 앞으로 나의 남은 인생을 동반할 최소한의 물건들만 남겨보는 건 어떨까.

정리의 첫 단추를
잘 끼우기 위해서는
신혼 살림이 중요하다

> 행복한 결혼에선 보통 아내가 기후를 조절하고, 남편이 풍경을 제공한다
>
> _제럴드 브레넌

　세상에서 가장 행복한 순간 중 하나는 평생을 함께하고 싶은 사람을 만나 한 가정을 이루는 것이다. 새로운 공간에서 둘만의 삶을 그려나가는 것만으로도 참으로 설레고 행복한 순간이기에, 함께 만들어가는 모든 것들이 즐겁기만 하다. 특히나 그중에서도 새로운 집에 서로의 취향을 담아 가꾸고 채우는 것만큼 즐거운 일도 없다.
　평소 갖고 싶었던 멋스러운 디자인의 가구를 들이고 예

쁜 그릇을 진열하며 집 안 곳곳에 놓일 소품 하나까지도 정성을 다해 고민하고 선택한다. 그렇게 하나씩 집 안을 채워나가는 행복한 순간들이야말로 신혼살림의 시작인 것이다.

그러나 이때 물건을 채우는 즐거움만 누려서는 안 된다. 놓치지 말아야 할 것은 바로 수납의 규칙이다. 물론 신혼 때는 물건을 정리해야 할 필요성이나 위기감을 잘 느끼지 못한다. 하지만 점점 시간이 지날수록 쌓여가는 짐들로 인해 수납공간의 부재와 공간의 한계를 느끼게 되면서 정리의 필요성을 인식하게 된다. 이처럼 쌓이는 시간만큼 물건도 쌓이게 되면서, 결혼한 지 오래된 부부일수록 더욱더 물건 정리에 어려움을 겪을 수밖에 없다.

그러므로 첫 단추를 잘 끼운다면, 후에 찾아올 정리 문제에 봉착하지 않을 수도 있다. 정리의 첫 단추는 물건이 없는 상태에서 정리 시스템을 만들어놓는 것이다. 처음부터 정리 시스템을 만들어놓으면 시간이 지나도 물건의 위치와 양을 조절할 수 있으므로 오래도록 정돈된 상태를 유지하는 데 큰 도움이 된다.

정리 시스템과 규칙을 만드는 것은 어려운 일이 아니다. 우선, 서로의 생활에 꼭 필요한 물건과 좋아하는 물건을 구분해 정확하게 자리를 정해야 한다. 대부분의 사람들이 첫 신혼집에 대한 욕심으로 무조건 좋아하는 물건들로 채우기 시작하는데, 이는 수납공간의 부재로 이어지고 나아가 중복 소비로 인해 지출이 과해질 수밖에 없으며, 결국 그로 인해 다툼으로까지 이어지고 만다. 그러므로 물건을 구분하여 각 물건의 자리에는 수납할 수 있는 양을 알 수 있도록 표시하고, 총량 규제를 정해 유지할 수 있도록 규칙을 정해놓아야 한다. 또한 부부가 함께 사용하는 물건의 자리와 각자 필요한 물건의 자리를 명확하게 하고 함께 생활하는 동선에 불편함이 없도록 자리를 정하는 것도 중요하다.

요즘은 맞벌이 부부가 많기 때문에 바쁜 일상을 고려해서 물건을 배치하는 것이 특히나 중요한데, 물건의 자리가 뒤섞여 있는 배치는 최대한 피하는 것이 좋다. 또한 신혼 때는 둘만의 공간이기 때문에 물건의 양을 어느 정도 조절할 수 있을지라도 출산을 하게 되면 점차 아기의 물건이 늘어나는 동시에 지친 육아로 인해 정리의 규칙이 무너지기 쉽다. 그래서 신혼부부의 공간부터 여유 공간을 남기고 부족한 듯 물건을 채워나가는 습관과 자리 지키기의 규칙을 갖는다면 가족 수가 늘어나더라도 어느 공간에 물건을 더 채울 수 있는지 보일 뿐만 아니라 불필요한 물건을 비울 수 있는 통찰력을 가질 수 있다.

최근 미니멀 라이프의 열풍은 신혼부부에게도 영향을 주었고 작은 집에 최소한의 가구와 물건만 가지고 사는 부부가 늘어나고 있다. 애초에 적게 들여 가벼운 삶으로 시작하는 것이다. 물건을 적게 소유할 수 있는 유일한 시간인 신혼, 채워나가는 즐거움보다 덜 채우는 가벼움으로 정리의 첫 단추를 잘 끼워 나간다면 분명히 건강하고 유쾌한 결혼 생활을 할 수 있을 것이라고 생각한다.

세상에서 가장 소중한 아이와 부모를 위한 정리의 경계선

　한 부부는 쌍둥이 출산을 앞두고 집을 새롭게 단정하고 공간 재구성과 정리법에 대한 코칭을 받기 위해 나를 찾아왔다. 어떻게 해야 곧 태어날 쌍둥이의 침대와 물건을 잘 배치할 수 있을지 여간 고민이 되는 게 아니라고 말했다. 반면 곧 이사를 고려하고 있기 때문에 당장 정리를 하고, 공간을 재구성할 필요가 있을지에 대해서 망설여진다고도 했다.

　이와 같은 고민은 출산을 준비하는 부부라면 누구나 해 보았을 것이다. 이때 내가 해줄 수 있는 대답은 지금 바로 정리를 시작해야 한다는 것이다. 이사를 앞두고 있더라도 제대로 정리하지 않은 채 이사를 하면 불필요한 물건들을 계속해서 짊어지고 이동해야 하므로, 이사를 하기 전에 정리하는 것이 훨씬 효율적이다.

    출산을 준비하는 경우 점차 늘어날 물건에 대해 미리 대비하지 않으면, 시간이 갈수록 정리하는 것이 더 힘들어진다. 반복된 육아에 지치고 나아가 부부의 공간은 물론 아이의 놀이 공간까지 침범당하는 상황이 되어 스트레스를 야기할 수밖에 없다.

    출산이라는 낯선 경험과 육아의 시작은 쉽지 않은 여정이다. 때로는 산후우울증까지 겪을 수 있는 만큼 출산하는 여성에게는 정서적으로나 환경적으로도 안정적인 상태를 만들어주는 것이 중요하다. 그러므로 출산하기 전 임신 안정기에 들어가고 몸을 움직이기 불편해지기 전에 반드시 육아를 위한 공간과 물건의 자리를 정해놓아야 한다. 몸에 무리가 가지 않는 선에서 조금씩 움직이며 직접 소중한 아이의 공간을 마련하는 일은 엄마와 아이의 유대관계와 정서에도 도움이 될 수 있을 것이다. 아이가 태어나면 기저귀를 갈아주고 분유를 타고 목욕도 시켜주어야 하는데, 이제껏 한 번도 경험해보지 못했던 낯선 경험 속에서 정리까지 하기란 결코 쉬운 일이 아니기 때문이다.

    육아에 필요한 물건을 떠올려보면 상당히 많다. 가장 기본이 되는 기저귀에서부터 육아를 돕는 육아 용품은 무궁무진하다. 육아 용품은 무조건 줄일 수 있는 것도 아니다. 적당히 필요한 물품은 구입해야 육아의 어려움에 도움을 줄 수 있으니 말이다. 그러니 육아 용품을 무조건 들이지 않는 것이 아니라 순발력을 요구하는 육아를 위한 알맞은 정리법으로 적재적소에 잘 배치할 수 있는 방법을 택하는 것이 좋다.

　최근 직장 내에서 육아휴직을 신청한 사람의 통계를 보면 5명 중 1명은 남성이었다. 그동안 육아의 책임이 여성의 전유물이었다면, 점차 육아의 책임이 부부에게로 옮겨지면서 남성들도 육아에 동참하는 추세로 변모하였다. 이러한 추세는 육아 용품 시장에서도 변화를 주었다고 한다. 아빠를 위한 육아 용품이 늘어나고 있고, 아기 띠 같은 경우도 남성을 위한 사이즈로까지 폭넓게 나오고 있다. 앞으로는 더욱더 공동 육아 문화가 자리 잡게 될 것으로 보인다.

　다만, 육아의 어려움을 다양한 용품들로 대체하다 보니 육아 용품이 점점 늘어나는 것이 문제다. 다양한 장비로 인해 육아는 편해지고 있지만, 많은 물건을 적재적소에 사용하지 못해 정리되지 못하고 있는 것이다. 아이와 함께 생활하고 있는 집을 가보면, 많은 경우 부부의 방과 아이의 방이 구분되지 않은 채, 집 안 전체가 아이의 물건으로 꽉 차 있었다. 대개 아이가 있는 집은 다들 그렇다고 대수롭지 않게 생각하는 사람들이 많은데, 이런 분들에게는 아이에게 충분한 사랑과 행복한 부모의 감정을 전하기 위해서는 반드시 부모만의 공간을 경계해서 두라고 말하고 싶다. 부모도 쉬어야 한다. 또한 부부만의 시간을 갖는 것 역시 중요하다.

    아이와 부모의 공간을 경계하고 넘지 않는 습관으로 물건의 자리를 찾아주는 것이 좋다. 주소가 없는 물건은 당연히 방황할 수밖에 없다. 출산을 하기 전 집 안 구조를 미리 그려보자. 그리고 각 방에 주소를 달아서 물건의 자리를 정하고 아이의 방은 아이의 물건으로만 수납하자. 또 엄마의 공간과 아빠의 공간은 어디가 좋을지 고민해보고, 부부만의 공간을 다시 구성한 후 육아 용품을 배치한다면 보이지 않던 경계가 생길 것이고, 곧 정리의 규칙이 잡힐 것이다. 출산 전 출산 용품을 준비하는 것보다 더 중요한 정리는 앞으로 겪게 될 육아 스트레스와 부담을 덜어줄 가장 중요한 과제임을 잊어서는 안 되겠다. 세상에서 가장 소중한 아이를 위한 공간을 만드는 것. 그 시작은 바로 정리라는 것을 잊지 말기 바란다.

사회에 첫발을 내딛는 청년들을 위한 시간 관리와 정리

2020년 10월 통계청 자료에 따르면, 우리나라 청년 실업률은 8.3%로, 34만 1천 명에 이른다고 한다. '취준생'이라는 신조어가 생길 만큼 취업을 준비하는 청년들이 많아졌고, 이러한 문제는 개인의 문제를 넘어 사회 문제로 대두되었다. 더군다나 코로나19로 인해 취업문은 더욱 바늘구멍이 됐다. 입사 지원의 고배를 마시면서 한숨을 쉬던 취업준비생들은 아예 취업 시험을 치르지도 못한 채 한숨만 더욱 깊어지고 있다. 취업의 장벽을 넘지 못하는 청년들의 우울감과 상실감을 잘 극복할 수 있도록 격려해주는 것이 우리사회가 해야 할 일이라고 생각된다.

또한 취업준비생들을 격려해주는 것과 동시에 취업을 하

게 된다고 해도 새로운 집단에서 건강한 인간관계를 유지하고 자기 일을 잘해 낼 수 있는 주도적인 생활을 할 수 있도록 준비시켜주는 것도 중요하다. 막상 취업이 되어도 일의 스트레스와 사내에서 이루어지는 인간관계의 어려움으로 퇴사를 결심하는 청년들도 많기 때문이다. 취업 준비를 한다는 것은 입사에 통과하도록 준비하는 것과 동시에 취업 후 지혜롭고 건강하게 사회의 첫발을 내딛을 수 있도록 준비하는 것도 필요하다.

> 분명하면서도 장기적인 목표를 가졌던 3%의 사람들만 25년 동안 단 한 번도 인생 목표를 바꾸지 않았다고 한다.
>
> _『하버드의 첫 강의 시간 관리 수업』, 쉬셴장, 리드리드출판

하루 빨리 취업이 된다면 좋겠지만, 분명한 목표를 가지고 포기하지 않는 사람에게는 최고의 기회가 찾아오는 듯하다. 조급하게 생각하지 않고 장기간 목표를 세우되, 먼저 해야 할 우선순위를 정하고 시간을 잘 분배해 할 일을 정리해 두면 보다 효율적으로 자기 관리를 할 수 있다.

시간을 관리하는 것은 물건을 정리하는 것과 닮아 있다. 필요한 시간을 나누는 것은 정리의 구역을 나누는 것과 같

고, 불필요한 시간을 빼고 넣는 것 또한 물건을 선별하여 넣고 빼는 것, 그리고 해야 할 일을 미루는 시간처럼 정리를 미루는 것 또한 많이 닮았다.

　시간 관리가 중요하다고 생각하는 사람들이 많음에도 불구하고 시간 관리를 막연하게 생각하는 사람들이 많다. 시간은 해야 할 일의 목표가 분명하면 충분히 관리할 수 있다. 더 이상 중요한 일을 해야 하는데 시간을 낭비해서는 안 되는 것이다. 균형 있게 시간을 쓰고 여유 있는 시간에는 충분한 휴식으로 충전할 수 있도록 관리하는 것이 장기간의 목표를 달성하기 위한 시간 관리의 기본이다. 시간을 잘 관리하는 사람은 주변 환경을 관리하는 것 역시 어렵지 않을 것이다. 선택, 분배, 배치, 습관, 이 네 가지 방법으로 시간을 관리하듯 개인의 공간과 업무 공간을 정리하면 된다. 어수선한 공간보다 단정한 공간에서 공부 및 업무의 능률이 올라가는 건 당연하다. 물건의 어수선함은 시선을 빼앗기기 쉽고 산만함을 주는 것은 물론 공간을 비좁게 만들기 때문에 몸이 늘 긴장 상태로 있게 된다. 최근에는 코로나19의 영향으로 집에 머무르는 시간이 늘어나며 집의 기능이 다층적으로 형성되는 현상인 '레이어드홈'의 시대로 바뀌었다. 취업준비생의 경우도 마찬가지다. 스터디 룸에서 공부할 수도 없고 취미 생활을 하러 집 밖을 나서지도 못한다. 그렇다면 집안에서 장시간 책상에 앉아 공부를 하더라도 최대한 편안함을 가지고 기능을 발휘할 수 있도록 환경을 만들어주어야 한다. 책상 위에는 최대한 물건을 나열해두지 말자. 꼭 필요한 물건 서너 가지만 올려놓고, 나머지 물건은 서랍장 안에 자리를 만들어 넣어두는 습관을 갖자. 책상 위는 물건을 간소화해서 여유 있게 공부를 할 수 있도록 해주고, 중간 중간 휴식을 취할 수 있도록 안락의자 하나를 둔다면 화려한 공간이 아닌, 머리와 마음이 정돈되고 집중할 수 있는 공간으로 충분하다.

또 몸도 마음도 건강해야 하므로, 건강한 생활을 유지하기 위해 공간을 나누어 취미와 홈트레이닝 활용 공간을 만들자. 공간을 활용하기 위해서는 꼭 필요한 가구와 물건 외에 불필요한 물건은 공간에 남겨두지 않아야 한다. 최소한의 가구와 물건 간소화는 레이어드홈 시대에서 가장 필요한 첫 번째 단계다. 같은 공간을 다르게 사용하는 방법인 것이다.

공간 구성과 함께 놓치지 말아야 할 것은 똑똑한 시간 관리다. 젊다고 해서 늘 건강할 수는 없다. 좋은 식습관과 적당한 운동으로 건강을 유지하기 위해서는 시간 관리 안에 반드시 운동 시간을 추가했으면 좋겠다. 마음 건강을 위한 휴식 시간도 마찬가지다. 이렇게 공간과 시간이 정리되면 생각과 마음을 정리해야 하는데, 먼저 과거의 마음을 정리하

자. 과거에 얽매이는 것은 미래로 나아가는 큰 걸림돌이 되기 때문에 반드시 과거의 마음을 정리해나가야 한다. 실패의 채찍이 마음을 상처내기도 하고 때로는 큰 아픔으로 일어서지 못하는 경우도 있다. 그러나 상처받은 마음은 더 깊이 곪기 전에 빨리 도려내 정리해야 한다. 공간 정리, 물건 정리, 시간 정리, 마음 정리, 이 모든 것은 스스로 해야 하고 또 누구나 할 수 있다.

> 힘들 땐 쉼표, 힘을 내고 싶을 땐 느낌표를 달면 된다. 그게 인생이다. 천 번을 흔들려서 안 되면 만 번을 흔들리면 되고, 그것도 안 되면 다른 길을 찾으면 길이 있다.
>
> _『너라는 청춘』, 김성희, 라라의 숲

이 시대는 서로 위로하고 서로 격려해야 하는 시대다. 청춘이 어른을 위로하고 어른이 청춘을 격려해야 하는 시대, 특히 사회 초년생들, 취준생들에게 따뜻한 위로를 전하고 싶다.

아직도 정리를
망설이는 당신에게

    정리라는 것은 새로운 삶을 계속해서 만들어가는 '리추얼^{Ritual}'이다. 단순히 물건을 치우는 행위가 아닌 것이다. 우리는 살아가며 정리가 필요한 수많은 순간을 맞이한다. 다양한 이유와 목적으로 물건을 정리해야 하는 일이 생길 테고, 내 의지와 상관없이 일어나는 여러 경험 속에서 시간을 정리하고 애써 기억을 정리해야 하는 순간을 만나기도 한다.

    의도적이든 우연이든 인생을 살아가는 동안 끊임없이 해야만 하는 정리의 순간들을 피해서는 안 된다. 정리는 새로운 삶을 열기 위한 과거와 현재의 교차점이므로 회피하지 말고 시작해야 한다. 짧게는 하루에 30분이라도 나의 물건을 하나씩 꺼내보자. 그리고 물건을 비워내며 버리고 싶었던 과거의 시간과 습관까지 하나씩 비워나가다 보면, 어느새 마음이 새롭게 다듬어지는 동시에 공간이 새롭게 만들어지고 있음을 발견하게 될 것이다.

    정리는 너무 서두르지 않아도 되지만, 반드시 해야만 하는 일이다.

Chapter 5

발길이 머무는
공간 정리 노하우

좁은 공간 넓게 활용하는 정리법
틈새 공간도 아낌없이 활용하기
정리의 시작, 베란다와 현관
카페 같은 주방 정리 스타일링
쇼룸 같은 드레스 룸 정리 스타일링

좁은 공간 넓게 활용하는 정리법

한정된 공간을 넓게 활용하기 위해 공간을 재구성하여 가구를 재배치하고 물건을 선별하여 불필요한 물건을 비운다. 물건을 비우는 것만으로도 숨어 있던 공간이 보이는데 다양한 가구 배치 스킬과 물건의 효율적 수납, 올바른 수납용품 활용으로 우리 집 공간을 넓게 사용할 수 있다.

인테리어 시공 없이
넓게 사용하는 5가지 방법

인테리어 시공이나 별다른 공사를 하지 않아도 넓은 공간으로 사용 가능케 하는 방법이다. 공간에 배치된 가구들이 동선과 구조에 맞게 배치되어 있는지를 체크한 후 가구를 재배치하거나 배출하여 공간을 여유 있게 확보하고 물건을 분류하여 자리를 잡아 수납하면 특별한 공사 없이도 넓은 공간으로 재구성할 수 있다.

Before

After

❶ 필요한 공간 체크하기

과부하 물건과 비효율적 가구 배치로 비좁아진 공간을 보다 넓게 사용하기 위한 정리 외에도 새로운 공간을 필요로 할 때가 있다. 그럴 때는 어떠한 용도로 어느 정도 크기의 공간이 필요한지를 먼저 체크해야 한다.

재택근무를 위한 서재, 취미 생활을 위한 취미방, 체력관리를 위한 운동방 등 공간을 새롭게 만들 수 있는 정리 방법을 알아보자.

❷ 숨겨진 공간 찾기

인테리어 공사로 새로운 공간을 창조하는 것이 아닌 불필요한 가구와 물건을 비우면 보이지 않던 공간이 보이기 시작할 것이다. 그 공간에는 무엇이든 원하는 공간으로 재창조할 수 있도록 가구를 재배치하고 물건에 주소를 달아서 자리를 만들어 준다.

❸ 물건 선별하기

각 위치에 꼭 필요한 물건인지 선별하고 그에 따라 물건을 이동하거나 완전히 배출하여 물건을 비운다. 아무리 가구를 재배치하고 공간을 확보해도 물건을 간소화하지 않는다면 공간을 넓히는 데 장애요인이 된다. 넓은 공간을 만들기 위한 가장 중요한 일은 물건을 비우는 과정이다.

상자를 4가지로 준비하여 완전히 배출해야 할 물건은 쓰레기 상자에 넣고 다른 공간으로 옮겨져야 할 물건은 통과용 상자에, 수리해서 다시 사용할 물건은 수리용 상자에, 다른 곳으로 기부할 물건은 기부용 상자에 담아서 물건을 분류한다. 또 하나의 상자는 보류 상자로 결정이 어려운 물건을 담아서 시간을 두되 일정한 양과 정해진 시간까지만 보류한 뒤 배출과 사용 여부를 결정하는 것으로 한다.

❹ 가구 재배치하기

각 공간에 위치한 가구들은 용도와 동선에 맞게 재배치한다. 불필요한 가구는 다른 공간에서 쓰일지 여부를 판단하여 다른 공간으로 이동하거나 배출해야 한다. 최대한 같은 소재와 디자인을 모아 배치하면 특별한 스타일링 없이도 깔끔하게 배치할 수 있으나 때로는 포인트가 되는 가구들은 단독으로 배치하는 것도 멋스러운 공간을 연출하는 데 도움이 된다. 가구는 공간 입구에서부터 낮은 가구를 배치하여 시야를 넓게 보이도록 하는 것이 좋으며 가구의 크기와 높이를 고려하여 공간을 가로 막는 답답함이 없도록 배치해야 한다.

❺ 공간 콘셉트에 맞춰 스타일링하기

가구 재배치와 물건 정돈으로 공간이 재구성되면 용도에 맞춰 스타일링하여 좀 더 근사한 공간으로 만들 수 있다. 여기서 주의할 점은 공간 확보를 위한 구성인 만큼 지나친 소품과 답답한 컬러로 공간을 도리어 더 좁게 만들어버리는 것을 피해야 한다.

틈새 공간도
아낌없이 활용하기

공간을 재구성하여 넓은 공간을 확보해도 수납할 공간이 부족하다면 집 안 곳곳 틈새 공간을 찾아서 수납할 수 있다. 틈새 공간을 최대한 활용하기 위한 다양한 방법 중에 가장 대표적인 방법은 냉장고나 세탁기 등 규모가 있는 가전제품이 배치된 틈이나 가구들 틈을 활용하는 것이다.

공간을 두 배로
늘려주는 도구들

❶ 압축봉

옷장이나 가구의 남은 공간을 좀 더 효율적으로 활용하기 위한 도구 활용법으로 압축봉 두 개를 설치하여 선반처럼 사용하면 좁은 틈에도 수납을 극대화할 수 있다.

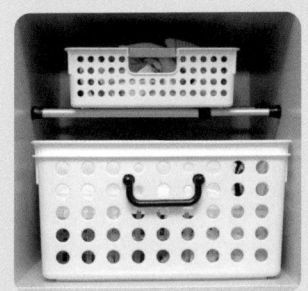

❷ 수납 가구

가구가 수납을 겸하여 사용할 수 있는 가구라면 좁은 공간의 어려운 수납을 해결할 수 있으며 2 in 1으로 한 가지 역할만 하는 가구나 소품을 두 가지로 사용할 수 있다면 좁은 공간을 효율적으로 활용하는 데 큰 도움을 줄 수 있다.

침실 공간과 휴식, 서재 공간 등으로 활용이 가능한 벙커형 침대는 좁은 공간을 복층구조로 사용할 수 있다.

가구지만 수납할 수 있도록 만들어진 가구로 침대나 벤치의자, 테이블 덮개형 가구는 수납함으로 활용이 가능하므로 오랫동안 보관해야 하는 물건들을 수납해두기에 좋다.

좁은 주방에는 아일랜드 겸용 식탁테이블로 사용하지 않을 때는 넣어두면 공간을 넓게 확보할 수 있으며 아일랜드장은 수납장을 겸하기도 한다.

공간을 분리하는 파티션이지만 벽에 타공을 하지 않아도 물건이나 소품을 걸 수 있는 형태의 파티션이면 공간을 유용하게 사용할 수 있다.

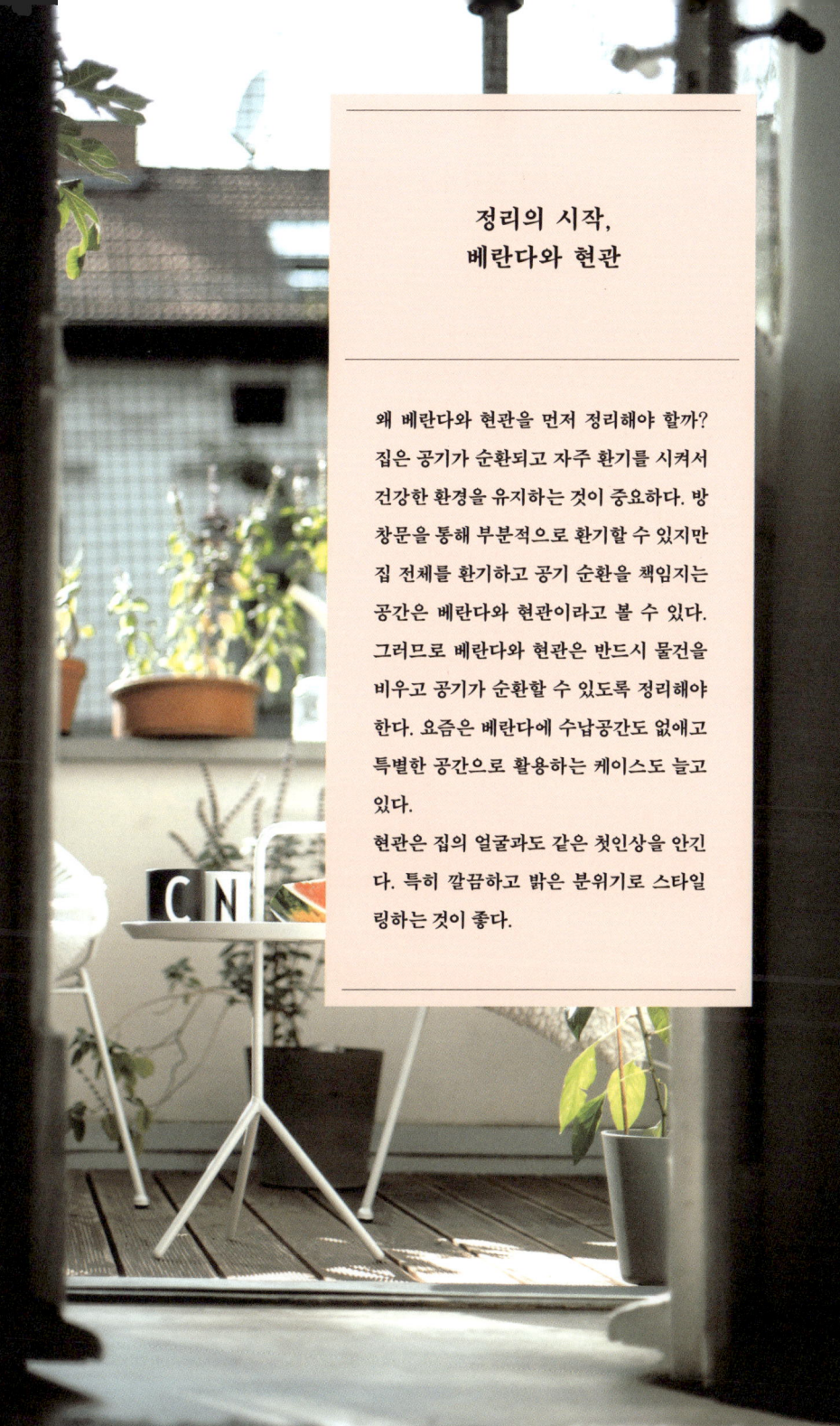

정리의 시작, 베란다와 현관

왜 베란다와 현관을 먼저 정리해야 할까? 집은 공기가 순환되고 자주 환기를 시켜서 건강한 환경을 유지하는 것이 중요하다. 방 창문을 통해 부분적으로 환기할 수 있지만 집 전체를 환기하고 공기 순환을 책임지는 공간은 베란다와 현관이라고 볼 수 있다. 그러므로 베란다와 현관은 반드시 물건을 비우고 공기가 순환할 수 있도록 정리해야 한다. 요즘은 베란다에 수납공간도 없애고 특별한 공간으로 활용하는 케이스도 늘고 있다.

현관은 집의 얼굴과도 같은 첫인상을 안긴다. 특히 깔끔하고 밝은 분위기로 스타일링하는 것이 좋다.

신발장 정리하는 방법

1. 신지 않는 신발은 정리하고 물건을 쌓아두지 않는다.
2. 가족별, 계절별, 사용빈도별로 수납공간을 정한다.
3. 신발 정리대, 압축봉 등 도구를 활용하여 효율적으로 수납한다.
4. 신발을 벗은 직후 바로 신발장에 넣지 않는다.
5. 제습과 방습에 모두 신경 쓴다.
6. 장바구니를 신발장에 보관해두면 외출 시 편리하다.
7. 사용한 우산은 건조 후, 작은 우산은 수납 바구니에 넣어 보관하고 장우산은 우산꽂이에 보관한다.

❶ 신발 수납

신발을 정리할 때는 여성 구두는 앞코가 보이도록 수납하여 고르기 편하게 수납하고 남성 신발은 뒷부분이 보이도록 해서 신발을 꺼낼 때 수월하도록 수납하는 것이 좋다.

좁은 신발장에는 슈즈랙 등 수납도구를 사용하면 더 많은 양의 신발을 수납하는 데 좋지만 선입배출로 오랫동안 신지 않은 신발은 비우면서 신발장 공간을 여유롭게 사용한다면 외출하는 순간이 기분 좋은 시간이 될 수 있다.

압축봉 선반 신발장 선반의 중간에 압축봉을 두 개 설치하면 한 칸 더 선반이 만들어져서 신발을 두 배로 수납할 수 있다.

❷ 우산 정리

우산을 수납하는 공간에 압축봉 하나를 설치하면 우산이 넘어지는 것을 방지하고 좁은 공간을 효율적으로 사용할 수 있다. 신발을 수납하기 부족할 때는 신발을 지그재그로 수납하면 한 켤레 더 수납할 수 있는 공간이 확보된다.

베란다 정리하는 방법

베란다와 다용도실은 집의 연장선으로 보지 않고 창고로 사용하는 경우가 많다. 하지만 이 두 공간을 정리하고 잘 활용하면 부족한 공간을 대신할 수 있다.
집은 재택근무 공간으로, 취미 실현 공간으로도 활용할 수 있는데 그중 베란다를 또 하나의 방으로 만들면 다음과 같은 공간이 가능해진다.

Before

After

❶ 베란다 창고 정리하기

물건을 수납하기 부족하다 보니 특별한 기능을 하지 않는 베란다나 다용도실에 창고처럼 물건을 쌓아놓는다. 창문을 열지 못할 정도로 물건을 꽉 채우고 있는 베란다는 반드시 정리해야 한다.

불필요한 물건을 비우고도 수납이 필요한 베란다는 물건의 자리를 만들고 라벨링하여 수납 후에도 물건이 더 이상 과부하되지 않도록 유지하고 반드시 통로가 있는 베란다로 정리해야 한다.

❷ 베란다의 변신

베란다를 확장하여 거실로 연장하는 인테리어가 늘었다. 창고로만 사용하기에는 베란다 면적이 작지 않기 때문이기도 하다. 하지만 여전히 베란다를 공간 분리로 사용하되 쓸모 있게 사용하고 싶다면 공간을 완전히 변신하여 재구성할 수 있다. 베란다는 또 하나의 공간으로 재창조된다. 아래 사진은 휴식과 파우더룸을 겸한 공간으로 재구성한 베란다인데 목재 가구는 난방이 되어 있거나 습기가 없는 베란다에만 배치하는 것이 좋다.

Before

After

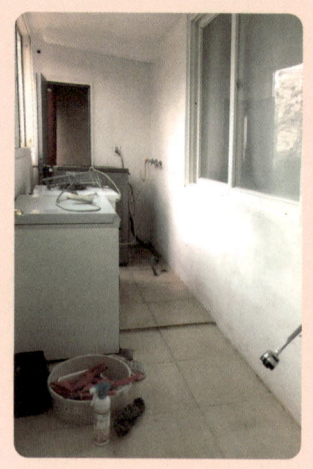 

Before   After

다용도실을 활용해 식품을 저장하는 팬트리 공간으로 활용했다. 식품류는 채광이 들지 않도록 가림막을 치고 보관하는 것이 좋다.

베란다를 아이들을 위한 제2의 놀이 공간으로 변신시켰다. 아이들이 올라가 쉴 수 있는 단상을 만든 다음 그 아래를 수납공간으로 활용했다.

카페 같은 주방 정리 스타일링

주방은 가사 업무 중에서도 많은 시간을 보내는 공간이므로 가사노동의 피로감을 줄이도록 동선을 효율적으로 구성하고 물건 배치도 사용하기 편하게 만들어야 한다. 또한 주방은 요리하고 식사하는 공간을 넘어서 가족 또는 지인들과 담소를 나누며 티타임을 즐길 수 있는 공간이어야 좋다.

주방 정리 시 반드시 체크해야 할 점

1. 물건 종류가 많다.
2. 물품이 섞여 있다.
3. 동선을 고려하여 배치하지 않는다.
4. 서랍을 효율적으로 사용하지 못한다.
5. 버려야 할 물건을 모으고 있다(일회용 플라스틱통, 유리병 등).
6. 주방과 상관없는 물건들이 섞여 있다.
7. 소형가전 외에도 많은 물건이 싱크대 위에 놓여 있다.

주방 정리 순서

step1 꺼내기 → step2 공간 정하기 → step3 수납도구 정하기 → step4 수납하기 → step5 유지하기 (라벨링)

❶ **주방 물건 역할 확인하는 법**

주방에서 불필요한 물건의 기준은 세 가지로 분류할 수 있다. 쓰는 물건, 쓸 수 있는 물건, 상념이 강한 물건으로 분류하여 배출할 물건을 분류한다.

특히 오랫동안 사용해서 역할을 다한 물건들은 과감히 배출해야 하는데 낡은 스펀지와 도마, 조리도구 등은 위생상 반드시 비워야 하며 통조림 식품 등 저장 식품은 사용기한을 확인한 후 기한이 지나면 바로 배출해야 한다.

그릇은 과연 모두 쓰는 그릇인지 살펴보자. 그릇을 수집하기 좋아해서 수납공간이 부족할 정도로 무조건 모으고 있다면 그건 수집을 넘어선 호더의 성향을 가지고 있다고도 볼 수 있다. 물건은 사용하기 위한 물건과 취미 욕구를 만족하는 물건으로 나뉘는데 이 모든 것이 일정한 수량을 넘어서 차고 넘쳐 수납공간이 없을 정도라면 선택하고 분류하여 비우기를 해야 한다. 그릇은 가족 수에 맞춰 필요한 수량으로 많이 사용하는 그릇으로 분류해서 수납하고 손님을 접대하기 위한 그릇 등 보관용 그릇은 그릇장에 장식을 겸하여 일부 수납하거나 손이 자주 닿지 않아도 되는 공간에 보관하는 것이 좋다.

❷ **수납 규칙**

일하는 순서대로 효율적인 동선을 만들자. 동선을 최적화하면 가사 노동의 피로감을 줄이고 사용이 편리해진다. 주방 동선은 싱크대 배치 구도에 따라 –자형, ㄱ자형, ㄷ자형으로 나뉘는데 그중 조리와 움직임에 좋은 동선은 ㄷ자 동선이다.

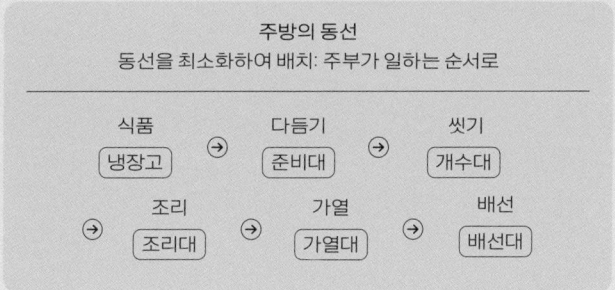

주부가 일하는 순서대로 싱크대를 배치하고 물건을 수납하면 더욱 효율적인 동선이 될 수 있다. 동선이 정해진 후에는 수납할 공간을 정한다. 사용 빈도와 크기, 종류별로 분류하여 배치할 공간을 정한다. 이때 무거운 물건은 하부 장에 배치하고 손이 잘 닿지 않는 곳에는 자주 사용하지 않는 물건을 수납한다. 그릇 종류와 소가전, 식품류 등이 주가 되어야 하고 주방에서 사용하지 않는 물건들은 각 다른 공간으로 이동해서 자리를 잡아주어야 깔끔한 주방이 된다.

주방 수납의 규칙

1. 주방의 기본 역할을 기억한다.
2. 일의 순서를 기준으로 최대한 편리한 동선에 맞게 수납한다.
3. 같은 용도의 도구라도 분리하여 수납한다.
4. 수납 가구에 알맞고 사용하기 편리한 도구를 활용한다.
5. 프라이팬은 겹치지 않도록 세워서 보관한다.
6. 컵은 같은 용도별로 편의점식 수납법을 사용한다.
7. 상부 장에는 가벼운 물건, 하부 장에는 무거운 물건을 보관한다.
8. 식료품은 꼭 유통기한이나 사용기한을 기재한다.

수납 세분화의 법칙

사용빈도와 용도, 종류별로 분류하여 공간이 정해지면 수납을 시작하는데 수납을 세분화하면 아래와 같다. 물건을 수납할 때 물건 양의 조절법과 수납 방식을 기억해두면 좋다.

> **어떻게 분류해야 할까?**
>
> 공간별 - 개수대, 조리대, 가열대, 싱크대 상부 선반, 서랍, 하부 장
> 종류별 - 식기, 조리기구, 식재료별로 분류하여 수납

싱크대 구조와 사용하는 사람의 기준에 따라 정리하는 순서는 달라질 수 있으나 아래의 순서대로 정리를 하면 정리가 효율적으로 될 수 있다.

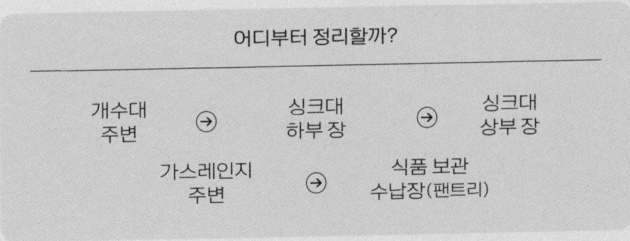

정리 수납의 법칙	

총량 규제의 법칙	물건 전체의 양을 정하여 조절한다.
	- 7.5.1 법칙
	  70%만 수납하고 나머지는 물건의 통로 역할, 보이는 수납은 50%만. 보여주는 수납은 10% 정도로 최소화
	- 교체의 법칙
	  물건 총량을 기준으로 반입, 반출량을 결정한다.

3의 법칙	세 가지로 나누어 분류하면 쉽다.
원터치 법칙	모든 물건을 꺼낼 때 단 한 가지 동작만으로 가능하게 한다.
자립의 법칙	물건을 세워서 수납, 한눈에 보여 자유롭게 골라 쓸 수 있다.

양을 조절하지 않으면 정리가 유지되기 어렵기 때문에 무엇보다도 재고가 한눈에 보이도록 수납하고 소진 시에만 물건을 반입하되 반출(불필요한 물건 배출)을 기준해놓고 정해진 양만큼만 수납되도록 유지하는 것이 중요하다. 그럴 때 중복 소비를 막을 수 있고, 특히 식품류는 소량 구매를 습관화해서 식품이 버려지는 것을 막아야 한다.

물건을 수납하는 방식은 보기 좋은 수납의 미학적 의미가 우선이 아닌 모든 물건을 제대로 사용할 수 있도록 하는 것과 물건의 자리를 유지하여 정리하는 습관이 어렵지 않도록 하는 데 의미가 있다.

주방의 몸통, 싱크대 정리의 모든 것

❶ 싱크대 상부 장 정리법

주방 물건 중 그릇 종류는 깨지기 쉬운 재질이 많기 때문에 특히 안전하고 편리하게 물건을 꺼낼 수 있도록 수납하는 것이 중요하다. 좁은 공간에 그릇을 수납할 때는 수납렉을 활용해 이중으로 수납하면 꺼내기 편리하다. 그릇 종류를 분류해서

우유갑을 활용한 업사이클링: 텀블러 수납

최대한 같은 종류의 그릇끼리 모아 수납하고 컵 종류는 같은 종류를 나란히 한 줄로 세워 수납하면 뒷부분에 있는 컵을 꺼내느라고 위험하고 불편했던 점을 보완할 수 있다. 맨 위 공간은 손이 잘 닿지 않는 부분이니 자주 사용하지 않는 물건을 수납하되 수납트레이를 활용하여 같은 종류를 모아 수납하고 트레이만 꺼내면 물건을 쉽게 찾을 수 있도록 한다. 물병이나 텀블러 등 높이가 있고 원형으로 눕혀서 수납해야 하는 경우는 칸막이형 수납도구를 활용하면 수납이 안전하고 활용도 있게 수납된다.

Before　　　　　　　　　　　　　　After

❷ 싱크대 하부 장 정리법

하부 장은 개수대 하부 장과 조리대 하부 장 그 외의 공간이 있다. 조리대 하부 장은 조리할 때 쉽게 양념을 사용할 수 있도록 양념류를 수납하고 조리용 도구도 수납해주면 원터치 수납이 된다. 양념류는 개별 용기에 담겨 있는 물건이므로 하나씩 사용해야 하는데 뒤에 있는 양념통을 꺼낼 때 앞에 있는 양념 때문에 꺼내기 불편함을 많이 느꼈을 것이다. 이때 사용하는 것이 수납도구인데 서랍형으로 사용할 수 있는 트레이를 활용해서 양념병을 수납하면 서랍처럼 꺼내서 뒤에 있는 양념까지 손쉽게 꺼내 사용할 수 있다.

개수대 하부 장은 배수구가 있는 공간이므로 수납할 수 있도록 설계된 공간은 아니다. 그렇지만 수납하기에 적당한 공간을 버려두기는 아까운 공간이므로 선반형 랙을 설치하여 주방 용품을 수납할 수 있다. 이때 주의할 점은 배수가 되는 부분이므로 습기에 약한 양념류나 목재로 만든 주방용품들은 수납하지 않는 것이 좋다.

❸ 싱크대 서랍 정리법

주방에 상관없는 잡동사니를 싱크대 서랍에 넣어두는 경우가 적지 않다. 물건을 넣어두고 닫으면 보이지 않는 부분이므로 무심코 여러 가지 물건을 뒤섞어두는 것이다. 하지만 물건은 역할에 맞춰서 공간에 필요한 물건만 수납해야 한다. 싱크대의 서랍 역시 마찬가지다 싱크대 서랍은 서랍 높이를 감안하여 크기가 잘 맞는 물건들을 수납하면 된다. 수저는 특히 종류별로 수납하면 한눈에 보이므로 사용하기 편리하고 먼지 오염을 막을 수 있어서 좋다. 설거지된 수저들은 건조되면 바로 서랍에 넣어두는 습관을 들여 위생적으로 사용하여야 한다.

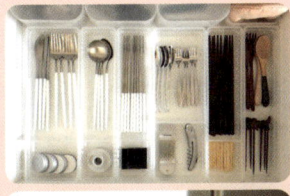

주방 물건을 수납하면서 마지막에 반드시 해야 할 과정은 이름표를 달아주는 것이다. 특히 식품은 유통기한과 반입날짜를 반드시 기입하여 안전하게 보관하는 것이 중요하다.

주방의 기둥, 키 큰 장과 팬트리

❶ 키 큰 장 활용법

주방 수납의 연장선으로 키 큰 장이나 팬트리장을 사용한다. 주로 식품이나 주방에서 보관해야 할 물건들을 수납하는데 선반으로 되어 있기 때문에 물건의 사용 빈도와 무게, 크기 등을 고려해서 수납해야 한다. 가장 위는 손이 잘 닿지 않는 부분이므로 일회용품이나 사용 빈도가 낮은 물건을 수납하되 무게감이 적은 물건을 수납해야 선반의 변형을 막고 꺼낼 때 안전하다. 수납장에 약품을 보관하는 것이 좋은데 특히 건강식품류는 주방 가까운 곳에 두고 먹기 좋게 수납하는 것이 좋으므로 키 큰 장이나 식품 장에 수납하는 것이 좋다. 다만 어린 자녀가 있는 가정은 아이 손이 닿지 않는 높이에 수납하고 종류별로 분류하되 한눈에 보이도록 수납하는 것이 좋다. 식품을 보관하는 경우도 무게감이 있는 식품류는 하단 선반에 수납하고 중복 구매를 막기 위해 수량이 파악되도록 개봉하여 같은 종류를 세로로 수납하여 보관하는 것이 좋다.

여기에는 싱크대 수납이 부족한 경우 주방용품을 수납하기도 한다. 이럴 때는 문을 열면 쏟아지지 않도록 싱크대에 수납하는 방법으로 종류별 사용빈도별로 수납하고 하단에는 무게감이 있는 물건을 수납해서 선반의 변형을 피하고 꺼낼 때 위험하지 않도록 해야 한다.

Before　　　　　　　　　　　After

❷ 팬트리 활용법

주방과 가까운 곳에 식품을 수납하는 공간을 '팬트리'라고 한다. 팬트리는 식품을 주로 보관하면서 주방에서 조리를 할 때 쉽게 식재료를 사용할 수 있도록 주방 동선과 가까운 위치에 설계한다. 팬트리에는 식품류를 저장하는 것이 좋지만 키 큰 장처럼 수납공간이 부족할 때 주방 물건을 수납해도 되고 미개봉 생활용품을 수납하는 것도 좋다. 팬트리는 일반적으로 선반형 공간이므로 키 큰 장과 마찬가지로 하단에는 무거운 물건을 수납하고 맨 위는 자주 사용하지 않는 물건을 수납하는 것이 사용하기 편리하다. 식품은 재고량을 확인하기 위해 바구니나 포장용 박스 등을 재활용하여 트레이로 활용해 내용물을 개별적으로 개봉해서 세로로 수납하여 중복 구매를 막고 식재료를 손쉽게 선택하고 사용할 수 있도록 수납하는 방식으로 해야 한다.

주방에 키 큰 장이나 팬트리가 없다면 가구를 활용하면 된다. 사용하지 않는 선반형 가구로 주방의 코너나 다른 주방 가구를 알맞게 배치하여 바구니나 트레이, 박스 등을 재활용해서 종류별로 수납하면 된다.

Before

After

모델하우스 같은
주방을 위한 팁

❶ 도구 하나로 쉽고 깔끔하게

정리할 때 수납도구를 사용하는 것은 자투리 공간을 활용해야 하거나 서랍 없이 서랍형으로 수납 방식을 만들 때, 세로 수납으로 재고량을 체크하기 위해 사용한다.

수납 도구는 바구니나 트레이 등 다양하게 있지만 재활용품을 활용하여 도구로 사용할 수도 있다.

접시나 그릇 등 조리도구를 수납할 때 사용하는 다양한 도구들이다. 싱크대 내부에 사용되는 정리용품을 선택할 때는 용도에 맞춰 준비는 물론 반드시 수납도구가 배치될 공간의 사이즈를 정확하게 측정하는 것이 중요하다. 사이즈 선별의 불편함을 줄이기 위해서는 폭이 확장되는 확장형 랙으로 사용하면 된다.

프라이팬을 수납할 때도 수납도구를 활용해서 하나씩 개별 수납하는 것이 좋다. 프라이팬은 대부분 내부 표면이 코팅되어 있기 때문에 겹쳐놓으면 바닥에 부딪히면서 코팅이 벗겨질 염려가 있기 때문이다. 프라이팬을 개별적으로 수납하는 다양한 도구들이 있지만, 사용하지 않는 바구니나 파일 박스 등으로 대체할 수 있다.

싱크대 등 문짝을 활용해서 수납하면 좁은 공간을 최대한 활용할 수 있으나 무게감 있는 물건을 오랫동안 수납하면 문 형태가 변형이 올 수 있으므로 유의해야 한다.

문 안쪽에 바 혹은 가벼운 걸이형 정리대를 설치해서 물건을 걸어 두면 문 변형에도 무리 없이 공간을 활용하기 좋다.

사용하지 않는 물병이나 텀블러에 건조된 식품을 넣어 라벨링하면 습기 노출이 적어 식품을 오랫동안 보관할 수 있고 깔끔하게 수납을 할 수 있다. 이때 식품 보관용 실리카겔을 뚜껑 안쪽에 붙여두면 방습에 더욱 효과적이다.

주방 정리 스타일링

흩어진 물건들과 쌓여 있는 물건들 속에서 불필요한 것은 비우고 필요한 것만 제자리를 찾아 수납해도 충분히 깔끔하고 넓은 공간의 주방이 만들어진다. 한편으로 요즘 조리하고 식사하는 공간을 넘어서 가족과 마주하고 지인들과 좋은 시간을 보내기 위한 공간으로 주방이 재구성되고 있는데, 정리 후 간단한 시공이나 소품으로 스타일링하면 카페 같은 분위기의 주방을 만들 수 있다.

가족들과 대면하며 조리를 할 수 있는 주방 구조는 주부들이 벽을 바라보고 조리하는 시간보다 훨씬 즐거운 시간을 만들 수 있다. 특히 요리를 하면서 식탁에 앉아 공부하거나 책을 보는 자녀들과 마주한다면 주방은 조리만 하는 공간이 아닌 가족이 각자 할 일을 하면서 함께할 수 있는 안정적이고 효율적인 공간이 될 것이다.

Before

After

식탁테이블 위치만 재배치했을 뿐인데도 분위기는 달라진다. 주방에서 이동하는 동선이 불편해 보였던 좁은 공간이 여유 있어지고 테이블 방향이 바뀌면서 공간이 넓어 보이는 효과까지 준다.

주방에서 공간을 재구성하는 것은 큰 변화를 주지 않아도 된다. 식탁 테이블 재배치만으로도 충분히 넓고 여유 있는 공간을 만들 수 있다.

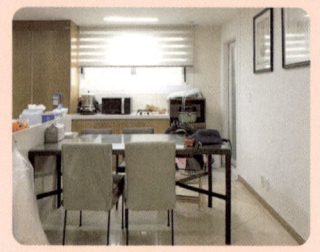 

Before   After

쇼룸 같은
드레스 룸 정리 스타일링

옷은 일상생활에서 빼놓을 수 없는 중요한 물건이다. 옷이 없는 집은 없다. 다만 얼마나 있고 또 어떻게 수납하는가의 차이가 있을 뿐이다. 옷은 대부분 옷장에 보관하거나 행거에 걸어서 수납하고 때로는 별도의 드레스 룸을 사용하기도 한다. 다양한 방법으로 옷을 수납하고 보관하는데 옷을 단순히 신체를 가리는 도구가 아닌 자신을 표현하는 패션의 도구로 옷을 골라서 입고 선택하는 즐거움을 줄 수 있는 옷장으로 정리한다면 집에서도 쇼룸 같은 드레스 룸으로 공간을 근사하게 만들 수 있다.

수납 끝판왕 드레스 룸

❶ 드레스 룸 활용하기

Before

After

물건을 비우고 정리하면 숨겨져 있던 공간이 보이기 시작한다. 옷을 수납하는 용도로 사용하는 드레스 룸을 옷만 보관하는 공간으로 사용하지 않아도 된다. 어떤 공간이든 정리해서 공간이 확보되면 또 하나의 공간을 만들어 활용할 수 있다.

옷방에 수납공간이 부족해서 베란다에 행거를 설치해서 옷을 수납한 사례다. 베란다는 채광이 있고 난방이 되어 있지 않은 상태에서는 옷감의 손상을 가져온다. 옷방에서 불필요한 옷과 물건들을 배출하고 베란다에 설치되어 있던 행거를 방으로 재배치하여 옷을 수납했다. 그랬더니 좁아서 들어가지도 못했던 옷방에 여유 공간이 생기면서 휴식 공간까지 만들 수 있었다. 다른 방에 있던 수납장을 재배치해서 그 위에 TV를 설치하니 또 하나의 휴식 공간이 되었다. 침실 공간을 분리해서 드레스 룸으로 활용한 사례다. 침실 공간은 수면을 취하는 공간으로만 사용하기 때문에 최소한의 가구만 배치하고 남은 공간은 분리하여 또 다른 공간으로 만들 수 있다. 특히 가벽이나 가구로 공간을 분리하면 드레스 룸으로 활용하기에 알맞은 공간이 된다.

드레스 룸을 붙박이장이나 별도의 옷방을 만들지 않아도 방에 여유 공간이 있다면 분리해서 드레스룸으로 만들 수 있다.

❷ 옷장 분석하기와 옷 비우기

옷을 정리하기 전 내 옷장을 관찰하고 분석한 다음 비우기를 먼저 해야 한다. 옷을 비울 때는 먼저 남길 옷을 선택하는 것이 훨씬 쉽다. 옷을 담을 상자를 준비하고 버릴 옷은 쓰레기 상자에 넣고 지퍼가 고장 났거나 단추가 빠져서 수리해야 하는 옷은 '수리용 상자'에 넣는다. 수납하지 않아야 할 물건이 옷장에서 나오면 위치에 맞는 공간으로 이동하기 위해 '통과용 상자'에 넣고 입기는 싫지만 기부할 수 있는 옷은 '기부용 상자'에 담아놓는다. '보류용 상자'는 버릴 옷인지 보관할 옷인지 여부를 결정하지 못할 때 일정한 기간을 두고 결정할 수 있도록 임시로 넣어두는 상자다. 이때는 반드시 일정한 양과 일정한 기간 내에만 옷을 넣어두었다가 빨리 상자를 비워야 한다.

나의 옷장 분석하기	
STEP1 선호도와 사용 빈도	- 좋아하고 자주 입는 옷 - 좋아하지만 자주 입지 않는 옷 - 좋아하지도 않고 자주 입지도 않는 옷
STEP2 버리는 옷 기준	- 작아서 맞지 않는 옷 - 어울리지 않아 입지 않는 옷 - 손상되어 수명을 다한 옷 - 설레지 않는 옷
STEP3 남길 옷 고르기	- 계절별 아이템을 정한다(겉옷, 상의, 하의, 신발, 가방, 액세서리). 　*라이프 스타일에 따라 아이템 품목은 달라질 수 있다. - 내가 좋아하고 활용도가 높으며 꼭 필요한 옷 위주로 고른다(나만의 소유 기준을 정한다). 마음에 드는 옷 / 어울리는 옷 / 내 몸에 잘 맞는 옷 / 원단 상태가 좋은 옷 / 유행을 타지 않는 옷

우리 집 옷장 파악하기

❶ 문제점을 찾는 것이 최우선

앞서 옷장을 분석하고 비우기를 마치면 옷장에 옷을 수납하기 위해서는 우리 집 옷장 수납의 문제점을 먼저 체크하고 문제점을 보완할 수 있는 수납 방법을 찾아야 하는데 대부분 아래와 같은 문제점으로 수납의 어려움을 겪고 있을 것이다.

옷장 수납의 문제점 찾기

1. 옷이 너무 많다.
2. 분류가 되어 있지 않다(사용자별, 계절별, 소재별).
3. 입지 않는 옷과 있는 줄도 몰랐던 옷이 섞여 있다.
4. 선반으로 된 공간 안쪽 물건을 꺼낼 수 없다.
5. 서랍을 효율적으로 사용하지 못한다(가로 수납).
6. 가방, 소품들이 옷장 안에 뒤섞여 있다.
7. 옷장이 꽉꽉 차서 빈 공간이 없다.

옷장의 문제점이 파악되면 해결 방법을 찾기란 어렵지 않다. 옷장 정리의 문제점을 해결하기 위한 다음 단계는 수납공간을 정하는 과정이다.

❷ 불편함을 최소화하는 정리법

수납공간 정하기	- 동선에 맞게 - 분류 기준에 따라
수납 방법 정하기	- 공간별(서랍, 선반) - 수납 방식 - 도구 활용

먼저 옷장에도 동선에 맞게 분류 기준에 따라 자리를 만들고 레이아웃을 정해서 각 공간에 배치될 옷 종류를 표시해두면 옷을 수납한 후 자리를 바꾸는 불편함을 갖지 않아도 된다.

수납공간이 정해지면 수납 방식을 정하고 수납도구가 필요한 공간에는 필요한 수납 도구를 준비하되 반드시 필요한 만큼의 도구와 사이즈를 정확하게 측정해서 준비하는 것이 바람직하다.

옷장 수납 해결법

- 너무 많은 옷 ➔ 입을 옷만 남기기
- 섞여 있는 옷 ➔ 분류하기(아이템별)
- 비효율적인 선반 ➔ 수납도구 활용하기
- 뒤죽박죽 서랍 ➔ 세로 수납, 방 만들기
- 부족한 빈 공간 ➔ 배출로 자동 해결

공간별 수납하기

- 같은 아이템끼리: 이불, 재킷, 셔츠, 바지, 스커트, 속옷, 모자, 머플러
- 함께하는 아이템: 정장과 넥타이, 모자와 스카프, 레포츠 의류와 용품
- 옷의 형태에 따라: 걸어야 하는 옷, 접어도 되는 옷
- 한눈에 골라 꺼내기: 티셔츠, 청바지, 속옷, 양말 등 접는 의류
- 유용한 도구 사용: 선반에 맞는 다양한 트레이, 세로 수납을 돕는 북 스탠드, 서랍 속 칸막이, 자투리 공간 활용에 알맞은 다양한 도구

문을 열 때마다
기분 좋아지는 옷장 정리

❶ **부피를 줄이는 간단한 방법**

가장 많은 공간을 차지하는 부피가 큰 침구류를 먼저 정리하면 공간을 조금 더 확보할 수 있다. 옷장에 수납해야 할 물건이 아니면 역할에 맞는 공간으로 이동하고 옷장에는 옷과 소품, 액세서리 등만 수납하되 원터치로 선택할 수 있도록 종류별, 아이템별로 수납해야 한다. 선반이 서랍형이 아닌 경우는 옷을 쌓아두는 방식으로 수납하면 아래쪽 옷을 꺼낼 때 다른 옷까지 흐트러지기 때문에 수납 도구를 활용해 옷을 세로로 수납하여 한 번에 옷이 보이고 꺼낼 때도 다른 옷이 흐트러지지 않도록 수납하는 방식으로 유지한다.

서랍은 개어서 넣을 수 있는 종류의 옷이나 얇은 이불커버 등을 수납하면 좋다.

Before

After

가방은 부피가 커서 남은 공간에 대충 넣어두는 경우가 많다. 하지만 가방은 모양이 한번 손상되면 복원이 안 되는 경우가 많으므로 반드시 공간을 만들어서 보관해야 한다. 각이 있는 가방은 내장재를 넣은 후 세워서 보관하고 이염을 막을 수 있도록 더스트백이나 쇼핑백에 담아서 보관하는 것이 좋다. 그리고 겹쳐서 보관할 때는 특히 색감이 이염될 수 있으니 조심해야 한다.

행거로 옷을 수납할 때는 옷이 노출되기 때문에 특별히 더 정돈된 상태를 유지하는 게 중요하다. 특히 시선이 처음 시작되는 입구부터 밝은 색 옷을 걸면 공간이 더 넓어 보이고 시야가 환해 보이므로 앞쪽부터 밝은 색상의 옷을 수납해야 한다.

❷ 옷걸이 제대로 활용하기

옷걸이를 사용할 때 옷의 질감과 형태에 알맞은 옷걸이를 선택해야 한다. 특히 어깨 형태가 무너지면 안 되는 재킷류는 두께감이 있는 옷걸이에 걸어야 하고 논슬립 옷걸이를 선택해서 어깨 부분이 흘러내리지 않아야 불편하지 않다.

옷걸이도 옷감과 종류에 맞게 선택해서 사용하되 너무 두께감이 있는 옷걸이는 공간을 많이 차지하므로 최대한 얇은 옷걸이를 선택하고 오랫동안 사용할 수 있는 튼튼한 재질을 선택하는 것이 좋다. 그리고 옷걸이도 같은 옷걸이를 통일감 있게 사용하면 더욱 깔끔한 옷장이 된다.

옷 걸기

1. 옷에 맞는 옷걸이 사용(양복 어깨 패드를 살려서 건다)
2. 옷 방향 통일(왼손 or 오른손잡이에 따라 방향 달라짐)
3. 옷을 꺼낼 때 옷걸이 통째로 꺼내기
4. 길이별, 색상별, 재질별로 걸기

아이템별 수납
(같은 종류끼리)

❶ 서랍을 대신하는 도구

옷장이나 행거에 옷을 걸고 남은 공간에 수납 도구를 활용해서 부족한 공간을 대신할 수 있다. 옷장 하단은 옷을 걸고 공간이 남는다. 이곳에 바구니나 트레이를 활용해서 옷을 수납하면 또 하나의 서랍이 만들어지고 선반형 옷장에도 마찬가지로 서랍형 수납공간을 만든다.

옷장 하단

선반형 옷장

❷ 서랍을 예쁘게 분리해주는 도구

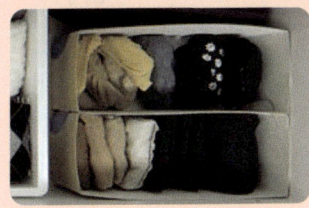

서랍 내부에 종류별로 옷을 수납할 때 파티션 역할을 하도록 트레이를 활용하거나 쇼핑백, 우유팩 등을 재활용해서 파티션 도구로 활용해 나눌 수 있다.

계절별로 옷을 나누어 수납하면 필요한 시기에 바구니만 꺼내서 사용할 수 있고 종류별로 분류하기에도 효과적이다.

❸ 재활용 도구로 똑똑한 정리 생활

샤워커튼 고리는 소품이나 액세서리류 수납에 활용할 수 있는 좋은 도구다. 고리에 소품을 걸어서 행거에 걸면 옷장의 틈새 공간을 효율적으로 수납할 수 있다.

샤워커튼 고리

겨울이 지나면 부피가 큰 패딩은 공간을 많이 차지하므로 수납에 어려움을 겪는다. 그럴 때 압축팩으로 부피를 줄이는 방법을 많이 쓰지만 압축팩은 통풍이 되지 않고 구김이 심하면

스타킹 압축팩

복원이 되지 않는 단점이 있다. 대신 여성용 스타킹을 활용하여 패딩을 넣으면 부피감이 줄고 통풍이 잘된다. 다음해 겨울에 다시 꺼내도 옷감이 손상되지 않고 그대로 유지하여 보관할 수 있다.

정리할 때 사용하는 수납도구는 반드시 자리를 만들고 물건이 충분히 수납된 후 남은 공간이 있을 때 활용하거나 수량과 종류를 한눈에 파악하고자 할 때 사용한다. 그럴 때 수납도구를 미리 준비하면 사용하지 못하는 것들이 생길 수 있으니 수납도구는 정리가 끝난 후 마지막에 사용할 공간의 사이즈를 정확하게 측정해서 준비해야 한다.

옷장이나 행거를 사용하거나 수납할 수 있는 양만큼만 유지하도록 총량규제 법칙으로 선입배출해야 한다. 옷장도 숨을 쉬어야 한다. 옷이 꺼내기도 힘들만큼 가득 채워져 있으면 옷감 손상은 물론 입는 기능이 아닌 보관하는 기능밖에 할 수 없으므로 옷장은 항상 여유 있게 수납할 수 있도록 간소화하는 연습을 해야 한다.

본인만의 지혜로운 수납 방식을 만들어 깔끔하고 쇼룸 같이 근사한 드레스 룸을 만들어보자.

마치는 글

천천히 여행하듯 집 안에서 마음을 그려나가길

지금까지 누군가의 집을 정리해주고 다양한 삶의 형태들을 보아온 사람으로서 당신이 정리하지 못하는 마음과 현실은 당연한 것이라고 생각한다. 지금 상태에서 굳이 정리할 이유를 찾지 못했을 수도 있고, 정리하고 싶어도 막상 시작하는 것이 두려웠을 수도 있다. 사실 정리가 필요한 건 집이 아니라 마음이다. 집은 어쩜 나를 비추는 마음의 창일지도 모른다.

집과 마음은 닮은 구석이 있다. 모두 내가 가다듬고 가꾸어야 하기 때문이다. 그렇지만 마음을 정리하는 게 참으로 어렵다. 그러고 싶어도 내 생각처럼 쉽게 되지 않는다. 집도 마찬가지다. 집을 정리하는 것이 왜 그렇게 어려운지, 시간도 없고 힘도 없고 할 줄 모른다는 말만 달고 산다. 하지만 내가 정리를 할 수 있는 마음 상태인지 곰곰이 생각해보는 시간이 필요하다. 마음이 병들어서 정리하는 것이 힘들고 고통스러웠는지도 모른다. 그리고 정리를 하지 못해 마음이 더더욱 피폐해졌는지도 모른다.

어수선한 집을 보면서 당신의 마음을 들여다보는 시간이 있기를 바란다. 그리고 용기를 내어주길 바란다. 육체적으로, 심리적으로 일어나는 고통을 견디고 끊어내는 데는 힘과 용기가 필요하듯 마음과 집을 정리하는 데 다시금 힘을 내보기 바란다. 그러면 결국 집은 단정해지고 마음은 단단해질 것이다.

정리를 마친 후 달라진 공간이 드라마틱하게 변하는 것을 경험하는 것보다 정리하는 과정과 순간을 마치 여행하듯 재미있게 그려보았으면 한다. 본인과의 여행은 천천히 몸과 마음을 정화하는 과정이 된다.

나는 이 책을 쓰는 동안 정리를 통해 치유를 경험했던 사례자들을 다시 마주하게 되었고, 마치 그들과 이야기하듯 따뜻한 시선을 느낄 수 있었다. 나는 공간을 정리해주는 사람이지만, 그들에게 공간을 통해 마음을 치유하도록 도와준 것이 아니라 결국 내 마음을 채우는 더 큰 선물을 받은 것이었다. 언젠가 그들에게 도리어 감사하다는 말을 전하고 싶다.

    이 책이 많은 사람의 공간과 마음에 따뜻한 온기를 불어넣어주기를 소망한다.

오늘부터 그 자리에 의자를 두기로 했다
집에 가고 싶지만, 집에 있기 싫은 나를 위한 공간심리 수업

초판 1쇄 발행 2021년 03월 25일
초판 2쇄 발행 2021년 04월 20일

지은이 윤주희   **감수** 박상희
펴낸이 김기용 김상현

편집 최은정 전수현   **디자인** 이현진
마케팅 조광환 김정아

펴낸곳 필름(Feelm) 출판사
등록번호 제2019-000086호   **등록일자** 2016년 6월 13일
주소 서울시 마포구 월드컵북로5가길 31, 2층 (서교동 447-9)
전화 070-8810-6304   **팩스** 070-7614-8226
이메일 office@feelmgroup.com

필름출판사 '우리의 이야기는 영화다'

우리는 작가의 문체와 색을 온전하게 담아낼 수 있는 방법을 고민하며 책을 펴내고 있습니다.
스쳐가는 일상을 기록하는 당신의 시선 그리고 시선 속 삶의 풍경을 책에 상영하고 싶습니다.

홈페이지 feelmgroup.com   **인스타그램** instagram.com/feelmbook

ⓒ 윤주희, 2021

ISBN 979-11-88469-70-3 (03190)

- 이 책 내용의 일부 또는 전부를 재사용하려면 반드시 필름출판사의 동의를 얻어야 합니다.
- 책값은 뒤표지에 있습니다. 잘못 만들어진 책은 구입처에서 교환해 드립니다.